英語教育21世紀叢書

アクション・リサーチのすすめ
―― 新しい英語授業研究

佐野正之 ―― 編著

大修館書店

まえがき

　まず,読者の皆さんにお願いしたいことがある。それはこの本のタイトルにある「リサーチ」という言葉を誤解しないでほしいということである。というのは,私たちは,こんな人たちに,この本を読んでほしいと思っているからである。

* 指導技術を改善したいと思っている人。たとえば,「生徒は英語が話せるようになりたいと思っているが,英語力もなくうまくいかない。なにか指導法の工夫はないか」という人。
* 公開の研究授業を割り当てられて困っている人。たとえば,「『活発に言語活動に取り組む授業展開』というテーマを与えられたが,生徒の実態とはかけ離れている。どうすれば,参観者に意味のある授業ができるか」という人。
* 生徒のコントロールに苦慮している人。たとえば,「騒がしくする生徒が多く,集中できない状態だ。どうすれば,授業が成立するか」という人。
* 他の教師との考えかたの差に悩んでいる人。たとえば,「コミュニケーションができる生徒をめざして授業しているのに,テストには文法が出て,ギャップに迷っている」という人。
* 研究指定校になり,研究の進め方を模索している人。たとえば「研究主任になり,責任を持たされたが,どうしたら,お題目だけでない研究が共同でできるか」という人。
* 長期研修の機会に,現場で生きる研究がしたいと思っている人。たとえば,「大学での講義やゼミは,内容が抽象的で,現場の

実態とはかけ離れている」と思う人。
*実践をなんとか論文の形にまとめたい人。たとえば，「自分なりに工夫して発音指導に力をいれたら，驚くほど伸びた子がいた。成果を論文にまとめられないだろうか」という人。
*現職の再教育を計画している人。「押しつけではなく，各自の問題意識をもとに，足が地についた研究をしてほしいのだが，そのための長期的計画をどうすべきか」という人。
*最後に，「アクション・リサーチって何だろう」という人。

　教育に関わる人なら誰もが，このような問題意識は大なり小なり持っているのではなかろうか。
　この本の意図は，こうした問題に直接答えることではない。問題を解決してゆく方法の1つとして，アクション・リサーチの手法と，その手法の持つ意味を具体的に解説することである。そのため，第1章から3章までは理論面の説明に当てたが，第4章から6章までは，上記の問題に直接関わる中学校と高校でのアクション・リサーチを載せている。また，第7章ではそれを授業研究の流れの中で位置づけ，展望を論じている。扱っている教科は英語だが，考え方や手法は，他教科や全体研究にも当てはまると信じている。
　今，私たちは教育の大きな転換期の渦中にいる。それは承知の上で，それでも，主体的に眼前の問題に取り組むことが教師の使命だと思う。この本がその一助となれば幸いである。

『アクション・リサーチのすすめ』目次

まえがき ─────────────────── iii

第1章 なぜ今、アクション・リサーチなのか

1. アクション・リサーチとは ─────────── 3
1-1 アクション・リサーチの講習会から ───── 4
1-2 アクション・リサーチとは ────────── 9
2. 今、なぜ、アクション・リサーチなのか ────── 10
2-1 学校教育の何が変わったのか ───────── 11
2-2 研究方法はどう変わったか ─────────── 21

第2章 アクション・リサーチの定義と方法

1. アクション・リサーチの定義 ─────────── 31
1-1 授業研究の立場 ──────────────── 32
1-2 教育改革運動の立場 ────────────── 39
1-3 理論検証の立場 ──────────────── 44
2. アクション・リサーチへの批判 ────────── 48
2-1 実施可能性 ────────────────── 49
2-2 信頼性と妥当性 ──────────────── 50
2-3 実践研究との違い ─────────────── 52
3. アクション・リサーチの方法 ────────── 53
3-1 問題の確定 ────────────────── 54
3-2 予備的調査 ────────────────── 55
3-3 仮説の設定 ────────────────── 56
3-4 計画の実践 ────────────────── 58
3-5 結果の検証 ────────────────── 59
3-6 報告 ───────────────────── 59

第3章 資料収集の方法と場面

1. 観察による収集方法 ─────────────── 62
1-1 授業記録 ─────────────────── 63
1-2 授業記録のグラフ化 ───────────── 64
1-3 観察シート ────────────────── 66

- 1-4 日誌や感想文 ―――――― 67
- 1-5 ビデオによる撮影 ―――― 67
- 1-6 転写 ――――――――――― 68
- 1-7 写真や絵 ―――――――― 69
2. 言葉による収集方法 ―――――― 70
- 2-1 アンケート ―――――――― 70
- 2-2 インタビュー ―――――― 72
- 2-3 生徒の自己報告 ―――― 74
- 2-4 経歴調査 ―――――――― 76
- 2-5 生徒の作品など ―――― 76
- 2-6 言葉による資料の整理方法 ―― 77
3. 数量的資料の意味 ―――――― 79
- 3-1 テスト結果 ―――――――― 80
- 3-2 授業分析 ―――――――― 82
4. 資料収集の場面 ―――――― 85
- 4-1 問題の確定 ―――――――― 86
- 4-2 予備的調査 ―――――――― 87
- 4-3 仮説の設定 ―――――――― 89
- 4-4 計画の実践 ―――――――― 89
- 4-5 結果の検証 ―――――――― 90

第4章 〈中学校での実践例①〉「聞く・話す」活動を通して書く力を伸ばすアクション・リサーチ

1. 研究の背景 ――――――――――― 93
2. 予備調査 ―――――――――――― 94
- 2-1 予備調査1:観察結果 ―――― 94
- 2-2 予備調査2:リスニング・テスト ―― 95
- 2-3 予備調査3:数研式標準学力検査 ― 95
- 2-4 予備調査4:アンケート結果 ―― 96
- 2-5 予備調査5:自己報告 ―――― 97
- 2-6 予備調査6:文献研究 ―――― 98
3. 仮説設定 ―――――――――――― 99
4. 仮説の実践と検証 ―――――――― 102
- 4-1 仮説〈1〉の実践と検証 ―――― 102

4-2　仮説〈2〉の実践 —————————————— 106
　　4-3　新仮説〈2〉の実践と検証 ———————————— 108
　　4-4　仮説〈3〉の実践と検証 ————————————— 113
　　4-5　新仮説〈4〉の実践と検証 ———————————— 116
5. 結論と今後の課題 ————————————————— 123
　　5-1　リスニング・テスト ——————————————— 123
　　5-2　診断テストによる比較 —————————————— 123
　　5-3　授業態度の変化 ————————————————— 124
　　5-4　生徒へのアンケートの集約 ———————————— 124
　　5-5　今後の課題 ——————————————————— 126

第5章 〈中学校での実践例②〉地区英語研究会と校内研究会での共同研究

1. 地区英語教育研究会での共同研究 ————————————— 128
　　1-1　試行錯誤の過程 ————————————————— 129
　　1-2　アクション・リサーチの開始 ———————————— 130
　　1-3　全体的なリサーチの成果 ————————————— 133
　　1-4　今後の課題 ——————————————————— 135
2. 校内研究でのアクション・リサーチ ——————————— 136
　　2-1　問題点の把握 —————————————————— 136
　　2-2　研究の仮説 ——————————————————— 137
　　2-3　平成10年度の研究の実際 ————————————— 138
　　2-4　平成11年度の研究と実践 ————————————— 141

第6章 〈高等学校での実践例〉OCAでスピーキング能力を伸ばすアクション・リサーチ

1. 問題点の確定 ———————————————————— 149
2. 予備的調査 ————————————————————— 150
　　2-1　年間目標の決定 ————————————————— 150
　　2-2　事前テストの結果 ———————————————— 151
　　2-3　事前アンケートの結果 —————————————— 154
　　2-4　文献研究 ———————————————————— 156
3. 仮説の設定 ————————————————————— 157
4. 計画の実践 ————————————————————— 159

- 5. 結果の省察 ———————————————————— 165
  - 5-1 実践経過報告 ———————————————— 165
  - 5-2 中間アンケートの結果 ————————————— 168
- 6. 仮説〈2〉の設定 ———————————————————— 169
- 7. 計画の実践 2 ———————————————————— 170
- 8. 結果の考察 ———————————————————— 178
  - 8-1 hesitation と方略的能力の変化 ———————— 179
  - 8-2 流暢さの変化 ————————————————— 181
  - 8-3 熟達度の変化 ————————————————— 183
  - 8-4 事後アンケートの結果 ————————————— 184
- 9. 結論と新たなサイクルへ ————————————————— 186

第7章 授業研究の変遷と今後の展望

- 1. 授業研究の歴史 ———————————————————— 190
  - 1-1 授業研究の対象 ———————————————— 190
  - 1-2 研究方法の推移 ———————————————— 191
- 2. 授業研究の現在と展望 —————————————————— 201
  - 2-1 授業研究法 —————————————————— 202
  - 2-2 授業研究の分析方法 —————————————— 204
  - 2-3 授業研究の手順 ———————————————— 205
- 3. 指導技術の向上 ———————————————————— 208
  - 3-1 Communicative Language Teaching(CLT)と
    アクション・リサーチ ————————————————— 208
  - 3-2 文法指導と授業研究 —————————————— 210
  - 3-3 総合的カリキュラムの構築 ———————————— 213

参考文献 ———————————————————————— 216

あとがき ———————————————————————— 222

トピック別索引／50音順索引 ——————————————— 224

アクション・リサーチのすすめ
新しい英語授業研究

1 なぜ今，アクション・リサーチなのか

　この章では，なぜ今，アクション・リサーチが注目されているかを解説する。まず，「リサーチ」という言葉に惑わされて，難しい研究方法の話ではないかと誤解されないように，中学校の先生を対象にした講習会の様子を紹介し，そこでアクション・リサーチがどのようにとらえられたかを説明する。次に，アクション・リサーチが注目されている理由は，学校教育の変化と，その研究方法の変化の両方にあることを解説し，アクション・リサーチへの導入とする。なぜかと言うと，こうしたリサーチの必要性を理解しないと，具体的な手法の解説も意味を持たないからである。逆に言えば，すでにその必要性は承知しているという人は，すぐに第2章から読み始め，気が向いたら1章に戻るという方法もあるだろう。

1 アクション・リサーチとは

　アクション・リサーチという言葉は，最近，頻繁に見かけるようになった。実は，この言葉は多様な分野で使われており，定義もさまざまだが，本書では，アクション・リサーチが日本の教育に持つ意味に焦点を絞る。まず，このリサーチが現職の教員にどのように見えるかを紹介するために，横浜市教育委員会の依頼で

1999年の夏に横浜国立大学で実施した，1日半にわたる講習会の様子を紹介する。

1-1 アクション・リサーチの講習会から

　まず，講習会の始めに事前調査として，受講者にアクション・リサーチについてどの程度の知識があるか，また，現在，どのような問題に悩み，どう対策を講じているかを無記名のアンケートで調べた。11名の参加者のうち，「アクション・リサーチという言葉を聞いたことがある」という人は2名，そのうち1名は「どこかで聞いたことがあるような…」という程度であり，「雑誌の記事を読んだ」という人は1名だけだった。まだまだ，アクション・リサーチは現場ではなじみが薄いことがわかる。抱える悩みについては，実は，本書の「まえがき」で紹介した問題の多くが，その時に書かれたものである。他の講習会でも同じ問題をよく聞くから，現場の悩みはかなり共通していることが伺える。悩みへの対策だが，学校の教科会などで模索はしているが，具体的な方策がわからず，愚痴のこぼし合いで終わることも多いようであった。

　講習会では，こうした現状認識に立って，具体的な問題に取り組んでゆく上で，1人の教師がアクション・リサーチの手法をどう活用していったかを，第4章で紹介する中学校の実践を例に解説し，公開授業の様子をビデオで見た。その後，受講者がそれぞれ，自分の抱える問題にどのような方法でアプローチするかを話し合い，計画を立て始めた段階で講習会の終了時間がきた。最後に，講習後のアンケート（次ページ）に答えてもらったのだが，その結果を報告しよう。

講習後のアンケート

（無記名で自由に書いてください。）

① 講習会はこれから教師をしてゆく上で有意義でしたか。
（とてもあった，まあまああった，
あまりなかった，全然なかった）

② そう思う理由をできるだけ具体的に書いてください。

③ 自分の教え方の問題点について意識が深まりましたか。（はい，いいえ）
具体例も挙げて下さい。

④ 評価（教師自身の教え方の評価）の必要性についての認識が深まりましたか。

⑤ アクション・リサーチとは何だと思いますか。
自分なりに定義してください。

⑥ 具体的にリサーチをしてみようと思いますか。
（はい，いいえ）

理由と具体的なリサーチしようとする問題点をあげてください。

(1) 参加者の反応

①「講習会はこれから教師をしてゆく上で意義があったか？」という質問に対し,

とてもあった	まあまあ	あまりなかった	全然なかった
9名	2名	0名	0名

と受講者の多くは講習会の意義を積極的に認めていた。

②「そう思う理由を書いて下さい」という質問には,

- ▶これまでも自分なりに授業の反省をし, 改善するようにはしてきたつもりだが, アクション・リサーチにはほど遠く, 行き当たりばったりだったと思う。問題点をきちんと見つけ, 仮説を立てて調査し, 経過を追ってまとめるといったアクション・リサーチをすることにより, よりはっきりした結果が得られ, 次へつながると思う。
- ▶今までおぼろげであった授業の改善の仕方が, 具体的に, そして段階的にはっきりとわかったから。今までは思いつきでやっていた。2学期からこれをやろうと意欲が出てきた。

という意見が多かった。「まあまあ」という項目を選んだ人は,

- ▶普段, 無意識にやっている,「今日は何がダメだったんだ？ 次はこうしてみよう」という試みを体系化することの大切さがよくわかった。だが, すぐ実践できるかというと, なかなか…。正直なところ, 文書にするほどの実践ができる自信がないので。

というコメントであり, もう1人も発表へのためらいがあった。結局は, 実践し, 省察し, 対策を考えるというアクション・リサーチの基本は全員がその必要性を認識したことになる。

③「自分の教え方の問題点に対する意識が深まりましたか」と

いう質問に対しては，

はい	いいえ	無回答
10名	0名	1名

　ただ，無回答の人も，②の設問には，「常に自己反省して，向上しつづけているつもりでいるが，このように文章に残して仮説をたてて考えてゆくのは久しぶりで，自分の考えを深めることができました」と答えていることから，アンケートの直前に実施した，自分でリサーチ・クエスチョンを作成するという活動が十分できずに，それが無回答となって現れたものと考えられる。

　④「評価の重要性」についての質問は，全員が肯定的で，次のようなコメントがあった。

- ▶教師はとかく自己中心的になりがちだと思います。時には，厳しく自分を評価することが必要と思います。
- ▶とても深く，心から必要だと思います。普段，子供とはアンケートなどでやっていますが，同僚となるとなかなか…。でもうまく利用（？）していきたいと思います。

　⑥「リサーチをやってみようと思うか」という質問にも，全員が「はい」を選び，次のようなコメントがあった。

- ▶今，2年生を教えているが，4月当初から「積極的に自己表現をさせる」ことを目標にスタートした。ずいぶん手をあげて発言する生徒が増えてきたのだが，どうしても一部に偏ること，発表に時間がかかることが問題になっている。この部分をリサーチしたいと思う。
- ▶私は現在英語を担当せず，美術を教えていますが，その中で表現技法の指導の深まりをこの手法で研究したいと思います。

などである。全員が自分の問題をリサーチ・クエスチョンに絞り

こめたわけではないが、意欲的な姿勢は顕著である。

(2) **参加者による定義**

　以上、長々と講習会への反応を説明してきたが、それは、この教師たちが1日半の研修の後、アクション・リサーチをどのようにとらえたか、結局はアンケートの⑤「アクション・リサーチをあなたの言葉で定義してください」という質問にどう回答したかを紹介したかったためである。代表的な回答をいくつか引用する。

▶授業の質の向上を願い、生徒の力を借りて、教師が反省し、よりよい授業を模索してゆくこと。

▶目の前にいる生徒にしっかりと目を向け、実態をつかみ、大事にして、生徒の可能性と変化を信じて、教師自身の指導を見直していくこと。

▶まず、自分自身をよく見つめ、生徒集団の思いを読み取る努力をすること。その上で、自分なりに手立てを考え、周りの意見も参考にしながら、客観的に授業を改善してゆくこと。

▶基本は「日々の中で、授業をふり返り、改善してゆくこと」だが、それを科学的に分析しながら、自己満足にならないように生徒や周囲の考えや意見を踏まえて行うこと。

▶生徒の実態に即しながら、指導者が授業をプランし実行し、反省からまた方向転換もしながら、繰り返される研究方法。

などである。すると、この講習会の受講者にとってのアクション・リサーチは、一般に英語教育での「リサーチ」という言葉から連想される活動、すなわち、応用言語学の調査でよく行われるような、実験群と統制群を設定し、一定の期間トリートメントを与えたら、その結果を数量化し、統計的に処理することによって結論を出して論文を書いたり、学会で発表するというタイプの研究とは大きく異なるものに見えたことは明らかだろう。

1-2 アクション・リサーチとは

　では，アクション・リサーチとは何か？　正確な定義は第2章で行うとして，さしあたり，この章で使うアクション・リサーチという言葉の定義をしておきたい。

　上の講習に参加した教師たちの意見をまとめれば，アクション・リサーチとは，「生徒や同僚の意見も聞きながら，系統的に持続して行う反省的授業研究」となる。だから，良心的な教師なら，実は誰もが無意識のうちに実施しているのである。例えば，「今日の授業は失敗だった。導入の方法がまずかったからだろうか？　明日はあの部分を変えてみよう」と考えたとしたら，それがリサーチの出発点であり，その疑問を体系的，論理的に追及し，考察と実践のサイクルを持続してゆけば，それが「リサーチ」となるのである。だから，専門的知識や統計的な処理能力はさしあたり必要ではない。「生徒の実態に即し」「生徒の力も借り」ながら，「自分自身をよく見つめ」，「プランし，実行し，反省し，方向転換もしながら」「授業改善を客観的，科学的に」進める意欲があれば，すぐにでもできる研究なのである。

　では，「アクション」とは何か？　実は，このリサーチの方法は，教育学だけではなく，社会学の分野でも実施されている研究方法であり，そこでは，「実際の生産活動を行いながら，その効率化や質的な改善を追及する調査方法」と考えられているから，「アクション」は文字どおり，「活動」を指すのである。この方法が授業研究に用いられた場合は，当然，教師の授業活動そのものを指す。したがって，英語教育における「アクション・リサーチ」は，「教師が授業を進めながら，生徒の力も借りて実践を反省し，改良してゆく継続的な授業研究」だと言えるだろう。では，今，なぜ，アクション・リサーチが注目されているのだろうか。

2 今, なぜ, アクション・リサーチなのか

アクション・リサーチが注目されるようになってきた理由は, 時代の変化のなかで,

1)「アクション」, すなわち, 授業が変わった。
2) そのため,「リサーチ」も変わらざるを得なくなった。

という2つの側面がある。すなわち, 授業などの教育活動が大きく様変わりし, それに対応するために新たな研究方法が必要になってきたのである。

近年, 教育がいかに急激に変化したかを象徴する新聞記事がある。それは, 文部省から調査を委嘱された「学級経営研究会」が, 学級崩壊に関して提出した中間報告書の内容を報じたものであるが, この報告書では,「学級がうまく機能しない状況にある」と判断した102学級を対象にその原因を分析し, 次のような要因を指摘している(1999.9.5『朝日新聞』)。

就学前教育との連携・協力が不足……………………11学級
特別な教育的配慮や支援の必要な子がいる……………26学級
必要な養育を家庭で受けていない子がいる……………21学級
授業の内容と方法に不満を持つ子がいる………………65学級
いじめなどへの対応が遅れた……………………………38学級
校長のリーダーシップや校内協力が未確立……………30学級
学級経営に柔軟性を欠いている…………………………74学級
家庭や地域などとの連携・協力が不十分………………27学級
ＴＴなどの授業の工夫が生かされなかった……………16学級
家庭や地域のしつけが学級にそぐわない………………14学級

いわゆる「学級崩壊」は複合的な原因で生ずるものであり, い

かに優秀な教師でも対応できない側面はあることは十分認めた上で,「学級がうまく機能しない状況」を生み出す最大の要因は,「学級経営に柔軟性を欠いている」と「授業の内容と方法に不満を持つ子がいる」の2つであることは否定できない。この調査対象は小学校なので,学級経営と教科指導の両要因が密接に関連したとも言えるが,たとえこれが中学校や高等学校であっても,生徒指導の柔軟性の欠如や,授業内容や方法の工夫の不足が「学級がうまく機能しない状態」に陥る最大の原因であることに違いはない。「学級崩壊」とまではいかなくとも,教師の多くが,自分の学級経営や授業方法に,これまでの経験では解決できない何かしら得体の知れない問題を抱えており,既成概念から抜け出し,新たな試行が必要な時代にいると実感しているのではなかろうか。なぜ,このような変化が生じたのだろうか。また,その変化をどのようにとらえ,どう対応してゆくべきなのだろうか。結局,アクション・リサーチが注目されている1つの理由は,学校教育をめぐる状況の変化にあるのだが,では学校教育の何がどう変わったのだろうか。

2-1 学校教育の何が変わったのか

　学校教育は社会の反映であるから,学校が変わらざるを得ない背景には社会の変化があることは言うまでもない。しかし,教師の実感からすれば,学校教育が変わらざるを得ない最大の理由は,生徒が変わり,教師のこれまでの経験や知識では対応できなくなり,また,理想とされる授業が変わり,新学習指導要領の目標が変わったからである。それらを個別に見てゆこう。

(1) 生徒が変わった

　学校教育が変わらざるを得ない直接的原因は，生徒が変わったからである。最近の子供たちの変容は驚くほどである。教育評論家の村山士郎氏はそれを，70年代から80年代初期の校内暴力とは質の違う「新しい荒れ」と呼び，特徴を次のように述べている (1996：52)。

　「90年代にはいり，暴力，いじめ，登校拒否現象は，ますますはっきり境界を区切ることが困難になってきており，さまざまなデータを読むかぎり，子供たちのイライラ，ムカツキ，不安感，抑圧感，恐怖感は一段と強まり，子供たちの攻撃性は新しい特徴を見せていた。」

村山氏は，その底には，人間的な生活を制限されたことから生まれる抑圧的虐待体験があり，それが「殺伐とした心象風景」を作り出し，サディスティックな攻撃性を蓄積するからだとしている (1998：35)。当然，それはまた，学歴社会や偏差値教育の弊害や，荒（すさ）んだ人間関係にある家族や，共同体意識を失い，教育力をなくした地域社会などの問題が重なってくるわけだが，それはこの本で扱うにはあまりに大きな問題である。

　もちろん，生徒の変化はマイナス面だけではない。マス・メディアで情報が行きわたっているばかりでなく，コンピュータを駆使して，教師さえ知らない知識を拾い集め，また，独自な感性を育てる子供もいる。だが，多くの子供は，昔ながらの「子供らしさ」の影に，「傷つきやすい大人」のような一面を持ち，教師のささいな言葉で傷つき，成長をゆがめてしまう可能性を持っているのである。だから，教師は生徒を従来とは別の目で見なければならない。「素直で従順な子供」のイメージを押しつけてはならない。むしろ，子供の持っている不安感や抑圧感などを「あるがまま隠さず出してしまっていいんだ」という態度を見せること

によって，彼らの「自分に閉じこもる殻」を破り，「ほっとした」心地よさの感覚を与えてやることが大切なのである（村山，1998：37）。1人1人の子供を理解し，それを授業や学級経営に生かしてゆく柔軟な姿勢が求められているのである。

(2) 教師の経験や従来の理論が生きない

　子供の変化が激しすぎるので，ベテラン教師でさえ経験だけでは乗り切れない問題に直面することが多い。まして，新人教師はとまどうばかりである。つい20年前だったら，新米教師はベテランの教師の言動を観察し，時には説教を聞きながら，指導のテクニックや考え方を学び，自分の指導力を高めてきた。それは，ちょうど，職人の弟子が親方を見習い，それによって自分の技量を磨く方法に似ていた。こうして技術が体験的に習得されていったのである。ところが，生徒や社会の急激な変貌が伝統的な方法に見直しを迫ることになった。激しく変化する現実を前にしては，過去の経験の蓄積だけでは対応できないからである。

　そこで，心理学や教育学などの科学的理論に裏打ちされた指導の必要性が強調された。たとえば，英語教育では「より科学的で，効果的な指導法」を求めて，パタン・プラクティスからインプット理論まで，時代の先端学問に基づいて提案される指導法がもてはやされた。ただ，その時点で見落とされていたのは，こうした理論は教室の外で作られた理論であり，また，教師と生徒の置かれた固有の教室で試されたものではないという事実である。結局，先輩を見習った体験も，また，「科学的教授法」も，それだけでは限界があったのである。生徒の実態の上に立った実践によって，両者を確認し，修正し，再補強してゆくことが，今，教師に求められているのである。図示すれば，次ページのようになる。

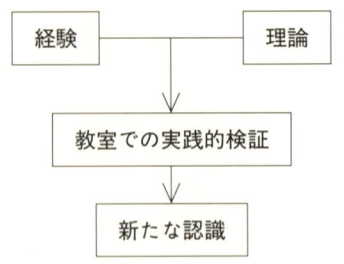

このように実践での検証を経て、経験や理論が新たな認識となり、その認識に立って次の問題に対応してゆく方法が、アクション・リサーチと重なるのである。

(3)「教室」が変わった

生徒が変わり、教師像が変われば、当然、授業が変化する。事実、現在の教室は以前とは大きく様変わりしている。試みに、自分が子供だった頃の教室風景を思い出し、その教室を何かにたとえて、「その時の教室はまるで〜のようだ」と表現してみたらどうなるだろうか。

もちろん、育った環境や時代、また担任教師や友達によって、人それぞれだろう。田舎で、のんびりした人間関係の中で学校生活を送った人にとって、教室はやさしく面倒見のよい教師と、従順な生徒たちのいる牧歌的な雰囲気で溢れていたかもしれない。そのような教室なら、「まるで、牧童と羊たちの群れのいるのどかな牧場のようだ」と言えるかもしれない。厳しい先生に、びしびしと教え込まれた人にとっては、「まるで、軍隊の新兵訓練のようだ」と思うかもしれないし、知識つめ込みの授業を受けた人は、「まるで、缶詰工場のようだ」というイメージを描くかもしれない。形は異なっても、共通しているのは、教師は権威の象徴であり、生徒も親もそれを疑うことはなかった。だから、教師は

生徒集団に向かって，教えるべき内容をストレートに教えることができた。だから教室は，知識や技術が教師から生徒に向かって流れていく「**情報伝達の場**」だったのである。

では，現在はどうか。「学級崩壊」に近い状態にあるクラスでは，教師の叱責と生徒の罵声が飛び交い，「まるで戦場のようだ」という場合もあるだろう。言葉が通じないように思える生徒に，熱心に話しかけながら無視される教師にとって，教室は「まるで，一人芝居の舞台のようだ」と思えるかもしれない。両者に共通しているのは，授業に不可欠な教師と生徒の人間関係の不在である。教師は「教える」役割を拒絶され，生徒は「学ぶ」ことを拒否するので，「情報伝達の場」としての教室は成立しなくなっている。これほどではないにしても，教師の与える情報や訓練を，生徒が受け入れることを前提として成立していたこれまでの教室が，大きく様変わりしていることは誰もが認めることだろう。一部のトップ校を除いて，大部分の学校では「情報伝達型の授業」は，次第に難しくなってきているのである。

だが，生徒があらゆる学習を拒否しているわけではない。課題によっては，興味を持って積極的に取り組む場面も少なくない。このような場合は，生徒の目的意識と教師のアドバイスがうまく絡まり，学習の深化が学級の人間関係の改善にまでつながっていくことが多い。その時の教室を何かにたとえるとしたら，それはまるで，参加者全員が協力して収穫作業に当たっている農場のようだと言えるだろう。このような理想的な場面では，これまでの情報授受が中心の授業に変わって，「**協同作業型の授業**」が展開されていることが多いのである。現在の日本では「情報伝達型の授業」が依然として支配的ではあるが，「協同作業型の授業」に転換してゆく必要性が指摘されており，例えば「総合的学習の時間」の設定に見られるように，教育行政からも要求されているの

である。このような授業観の転換もまた，アクション・リサーチに支えられた授業研究を進める素地になっている。

(4) 目標が変わった

授業観の転換は英語教育の中でも顕著である。「情報伝達型」の典型である「文法訳読式」授業から，「タスク中心の英語授業」への転換が主張されている。特に，新学習指導要領では「実践的コミュニケーション能力の育成」が目標とされているが，これには，生徒が主体的に関わり，情報や考えなどを授受する「コミュニケーション活動」を保証した授業設計が求められる。では，単に言語活動の時間を増やせば効果があるのだろうか。話す意欲もなく，英語力もなければ，沈黙の時間が増すばかりである。効果を生むには，生徒が進んで発言しようとする意欲と，英語力の育成を同時に目指した指導方法が必要となる。だから「情報伝達型」と「協同作業型」の微妙な組み合わせが要求されるのである。

だが，指導要領には，具体的な方法は示されていない。むしろ，中学校で言えば，学年ごとの目標も，学年ごとに仕分けされていた言語活動も，新指導要領では一括して示されているだけである。これまでの指導要領なら，かすかながらも学年ごとの目標や言語活動から，それぞれの学年の「基礎・基本」やふさわしい「言語活動」が見えていたが，それが取り払われた今，生徒の実態を直視し，1年では何を「基礎・基本」ととらえ，何を望ましい「コミュニケーション活動」として設定していくのか，その判断が各地域，学校，教師の判断にゆだねられているのである。

加えて，保護者が学校を選択する「学区制の廃止」も取りざたされている。とすれば，各学校はどのような特色を出し，どのように選択教科や総合的学習の時間を組んでいくのか。その中で，最も注目されるであろう英語は，どのような関わりをもっていく

べきなのか。しかも，それを他教科の教師や地域の保護者にも説明し，納得を得ることが要求されている。でないと，学校の存在価値が疑われかねないのである。だから，英語教師は英語を教えるだけでなく，なぜ，何を，どう教え，そこからどのような結果が出たかを報告しなければならない時代が近づいているのである。アクション・リサーチが必要とされる背後には，こうした事情も潜んでいる。

(5) 対応策の基礎知識

　学校教育をめぐる変化の要因をいくつか挙げてきた。そして，このような変化に対応するためには，教師が柔軟に事態に対応することが必要だと説明してきた。では，最低限のところ，教師は通常の英語授業で何をしなければならないのか。対応策の「基礎・基本」は何か。

　実は，英語教育の中では，以前から個人差，能力差，動機，学習スタイル，情動フィルターなどの形で，この問題はさまざまに論じられてきた。その中で，現場の教師にとって最も納得のいく説明は，生徒のニーズの階層性を理解し，基礎から次第に高次の目標に近づく指導を説く「マスローの三角形」（次ページ）である（米山・佐野，1983：122）。これは，アメリカの社会心理学者のMaslowが，成人が自己実現を成し遂げるためのステップを説明した理論を，応用言語学者のE. Stevic(1976)が外国語学習に適応したのが原型である。それをさらに，日本の英語教育に当てはめて解説したものなのである。

　まず，図の最上段にある「自己実現への欲求」が英語で自分を表現する意欲に当たるわけだが，実は，自然にその欲求が生まれるには下の各層のニーズが満たされなければならないというのが，この図の主張である。下から順に説明しよう。

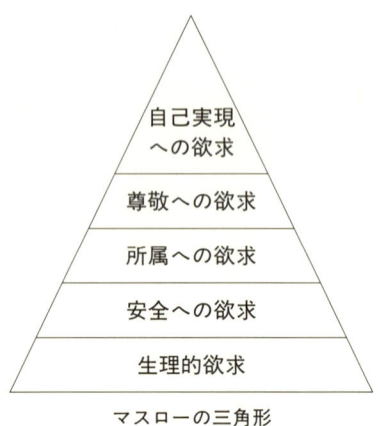

マスローの三角形

▶生理的欲求

　教師は生徒の生理的な心地よさに留意する必要がある。ただ単に、室温や通風などの物理的な環境だけではない。授業中の学習や言語活動に変化を持たせ、生徒が心身ともにフレッシュな状態で取り組めるよう工夫する必要がある。例えば、50分間、常に黒板に向かって座っているだけでは苦痛である。前や横の人と話したり、教室の中を動いたりする機会を与えることも大切だし、また、聞いたり、話したり、考えたり、読んだり、書いたりするなど、いろいろな活動や学習の変化も大切である。一説によれば、子供が集中して１つの活動に取り組める時間は30秒程度と言われている。ということは、教師は学習や活動に変化をつけ、リズム感あふれる授業を展開することによって、生徒の「生理的欲求」を満足させる工夫が必要だということである。

▶安全への欲求

　教師が威圧的な態度を取ると生徒は不安を感じ、授業に集中できない。また、あまりに正確な発音や文法を求めると、誤りを恐れ、発表しようとする意欲を失う。だが、逆に、教師の権威が失

墜してカオス状態になると、生徒間にトラブルが生ずるので、これもまた、「安全への欲求」を満たすことにはならない。教師の英語力の不足も、生徒に不信感を生み、この欲求を脅かすことになる。したがって、教師は、英語の研鑽(けんさん)に励む一方で、教室では友好的だが前向きなムードを作り出してゆく必要がある。そのためには、生徒が納得できるルールを設定して、個々のニーズに柔軟に対応しながらもルールを守るよう注意しなければならない。

しかし、「安全への欲求」で最も大切なのに、しばしば無視されがちなのは、「わかる」授業をすることである。教室で進行していることが理解できないと、生徒は不安を感じ、不安を払拭するために反抗的な態度を取ったり、無視したりする。だから教師は、生徒の能力に合ったゴールを設定し明示することによって、「わかる」という満足感を持たせることが必要である。

▶**所属への欲求**

1人1人の生徒が教師やクラスの仲間と連帯意識を持てることが大切である。そのためには、教室は英語学習という共同作業に協力して取り組む共同体であるという意識を育てることが肝要である。まず、教師自ら、その共同体の責任者として、最終的な責任は取ることを明らかにすると同時に、共同体の成員である個々の生徒の協力なしには、この難事業は成功しないことを説明し協力を求めるのである。一方で、教師は個々の生徒の人間としての価値に注目し、その発言を心を開いて聞くという態度を持たなければならない。教師がモデルを示すことで、教室の人間関係の基本が定まる。また、ペア活動やグループ学習などもステップ・バイ・ステップで訓練して取り入れ、助け合って学習したり、共同でタスクを完成させたりする能力も次第に伸ばすことが大切である。

▶**尊敬への欲求**

生徒は教師や仲間に褒められ、認められたいと望んでいる。た

だ，それが実体のない空虚な褒め言葉では意味がない。評価方法を工夫して，成績は減点方式ではなく加点方式を採用したり，また，評価基準を明確にして，人との比較ではなく，自分の力の伸びを自ら判断できるようにしてやることも必要である。成功を体験することによって自信を持ち，より積極的になって，学習や言語活動で冒険を犯すことをためらわなくなる。こうして初めて，本当の積極性が生まれてくるのである。

▶自己実現への欲求

英語授業での「自己実現への欲求」は，相手の話や読んだ内容を自分の体験や思考を通して理解し，また，それについて感想や考えを伝えたり，あるいは，相手とコミュニケーションを図ろうとする欲求である。だから，まさに「実践的コミュニケーション能力」に不可欠なわけだが，生徒がこうした欲求を持つにいたるには，その下にある4つの欲求，とりわけ下の3層のニーズが満たされて初めて正常に作動するのである。ということは，生徒が進んでコミュニケーション活動に従事するには，まず，心身ともにリラックスした心地よい状態にいて，しかも，教室のムードが友好的で，かつ，自分の英語力にもそれなりの自信を持っている場合に順調に作用するのである。とすると，英語教育の目標を達成するには，「学習活動」や「言語活動」を効果的に進めるための「情報伝達型授業」の指導技術の他に，これまで「生徒理解」と呼ばれていた部分，すなわち「協同作業型授業」の発想を無視してはできないことになる。

このような複雑な要因が，しかも重層的に関連する能力の育成を調査するには，継続的で，多面的な研究方法によるしかない。従来の「教室内の実験」と呼ばれてきた応用言語学の実験デザインでは，実験を少数の要素に整理し，短期的なトリートメントの結果で仮説を検証しようとするので，要因が複雑に絡むこの種類

の調査にはそぐわないことが次第に明らかになってきた。そのことが，また，アクション・リサーチが注目されているもう1つの大きな理由なのだが，この点は次節で説明する。

*

この節を要約すると，アクション・リサーチが注目されてきた第1の理由は，生徒が変わり，教室が変わり，しかも教育の目標も変化した中で，生徒のニーズを直視した授業研究が求められており，しかも，その研究には，複雑な要因をまるごととらえ，かつ長期的な新しい研究方法が必要だということである。

2-2　研究方法はどう変わったか

アクション・リサーチが注目されているのは，教育をめぐる状況の変化ばかりではない。その変化に対応して研究方法もまた変わってきたからである。英語の授業研究に関連する学問分野の主なものには，教育方法学と，第二言語習得理論と，それに関連して，従来の応用言語学の研究方法の見直しが挙げられるだろう。

(1) 教育方法学の推移

授業が「情報伝達型」から「協同作業型」に変化するにつれて，それを研究する授業研究にもまた，大きな転換が求められている。授業が一定の情報や技術を伝達するだけのものなら，効果的に伝達する技術の探求が教育方法学研究の主たる関心事となる。それには特定の教室という枠を越えた，心理学や指導法理論に基づく仮説を，多数の授業のサンプルを集めて検証し，最も効果的な指導原理を抽出することになる。すなわち，「技術的実践の授業分析」が研究の中心になる。ところが，「協同作業型」の授業では，子供は教師の協力者なのだから，どんなに誤って見える意見や行

動にもそれなりの根拠があるはずだと考え，それを理解すること
が出発点となる。教師と子供は問題に遭遇したら，話し合いに
よって解決しながら授業に参加する。そこでは，情報や技術の習
得ばかりでなく，人間や自己像に関わる多様なレベルでの問題が
重層的に構成され，また，再構成されながら進むことになる。そ
の過程を通して，教師自身の抱いた認識も修正され発展してゆく
のである(佐藤，1996:76)。当然，ここでは「反省的実践の授業
研究」が重要となる。

「技術的実践の授業分析」の目指す「授業の科学」が，どの教
室でも通用する一般的な技術原理を探求する研究であるのに対し
て，「反省的実践の授業研究」は，ある1つの教室でのできごと
や，ある1人の教師や1人の子供の活動や経験の意味を探求する
のである。そこでは主観が尊重され「物語的認識」が追及される
ことになる(佐藤，1996a:78)。この2つの研究方法は，次のよう
に対比される(稲垣・佐藤，1996:121)。

2つの授業研究

	技術的実践の授業分析	反省的実践の授業研究
目的	プログラムの開発と評価 文脈を越えた普遍的な認識	教育的経験の実践的認識 文脈に繊細な個別的な認識
対象	多数の授業のサンプル	特定の1つの授業
基礎	教授学，心理学，行動科学 実証主義の哲学	人文社会科学と実践的認識論 ポスト実証主義の哲学
方法	数量的研究・一般化 標本抽出法・法則定立学	質的研究・特異化 事例研究法・個性記述学
特徴	効果の原因と結果(因果)の解明	経験の意味と関係(因縁)の解明
結果	授業の技術と教材の開発	教師の反省的思考と実践的見識
表現	命題(パラダイム)的認識	物語(ナラティブ)的認識

先にも述べたように，日本の英語教育は「情報伝達型作業」も

「協同作業型授業」も共に必要としているから,それに対応する指導法の研究も,「技術的実践の授業分析」と「反省的実践の授業研究」のいずれもが役割を持つ。ただ,従来「科学的研究」の名のもとに,数量的な一般論だけが「研究」であるという誤解が一部にあった。それに対して,必要に応じていずれの手法をも活用するアクション・リサーチの手法が注目されているのである。

(2) 第二言語習得理論の推移

結果を数量的に分析する研究(quantitative approach)から,内省や主観を重視する質的な研究方法(qualitative approach)へと比重を移したのは,教育方法学ばかりではない。英語教授法の理論的支柱となる第二言語習得理論にも同じ動きが見られる。

1980年代に脚光を浴びた Krashen の「インプット理論」は,指導理論に大きな影響を与えた。彼の理論の概略は,第二言語の習得も母語と同じく,人間が生来持っている「言語習得装置」によってなされる。その装置は生まれながらプログラミングされていて,それに反する学習をしても,言語能力にはならない。誤りをチェックするモニターとなるだけである。コミュニケーションに役立つ言語能力は,意味のあるインプットでしか伸びないから,文法学習はコミュニケーションには無意味である。だから,リスニングなどでインプットを多くしたほうが,文法指導よりはるかに意味があるという内容である(Krashen and Terrell, 1983)。

この理論が,研究者ばかりでなく大ぜいの教師に熱烈に支持されたのはわけがある。まず,教師なら誰も,一生懸命に教え生徒も理解したはずの文法項目が,次の機会には全く身についていないことを知り,無力感に襲われた経験があるはずである。この理論でその理由が説明できる。また,文法問題には正確に答えられるのに,話させると必ず誤る言語項目があることも説明できるし,

学習の初期の段階で無理に話させても無駄であることなど、日頃の疑問に答えてくれる。加えて、Krashen の理論は、多数の被験者を用い、統計的に処理された「科学的研究」だとされ、英語教授法の分野でも1980年代の前半は、彼の理論が支配的であった。

だが、疑問も当初からあった。もし、彼の理論が正しければ、正規の学校教育を受けずに、自然なインプットだけで第二言語（L2）をマスターした移民の子供も、それにプラスして学校で文法を学習した子供も言語能力に差がないはずなのに、実際は学校で学習した子供の方が習得が早いし、達成の程度も高いという事実が説明できないからである(Long, 1983)。極端な例を挙げれば、日本で文法訳読式で学習した人は、決して急には話せるようにはならないはずなのに、少し機会があれば急速にコミュニケーション能力を伸ばす人がいることも説明できない。結局、Krashenの理論ではあり得ないことだが、文法学習もそれなりの意味があることはわかっていたのである。

ところが、それを証明することはできなかった。脳の中のできごとだから、客観的な立証も反証もできなかったのである。しかし、80年代の後半になると、この壁を破る質的調査が思わぬ形でなされた。Schmidt and Frota (1986) という2人の言語学者がブラジルに行き、語学学校に通いながらポルトガル語を習得した体験を日記に書き、その中で、どんな場合に新しい言語項目が発話できるようになったかを詳しく記述したのである。それを整理した結果、学習した文法ルールが一種の「呼び水」のような作用をして、自然な会話の中のインプットから文法構造を内在化する様子が浮かび出てきたのである。一方、数量的調査からも異議が唱えられた。インプット理論からすれば理想の言語学習の場であるカナダのイマージョン・プログラムでL2を学習した生徒は、リスニングの力はあるが、発話には多くの文法的な誤りがあること

が数値で証明されたのである(Swain, 1985)。このような質的研究と数量的研究の集積によって、今では第二言語習得理論にも、いろいろな手法を取り入れることが必要だとされている。例えば、Tarone(1994)は、第二言語習得理論は履物のようなもので、研究の目的は同じでも、それぞれの地域の事情で、厚い毛皮の靴もあればサンダルもある。ＵＧ理論もあれば、人類学的手法もありうるのだ、として次のように述べている。

　　Success in studying second-language acquisition depends on having as much information as possible about this complex piece of human behavior taking place in constantly changing local contexts. That information needs to be accurately collected from variety of perspectives and interpreted consistently and honestly across studies.
　（Ｌ２言語習得研究で成功するには、できるだけ多くの情報を得る必要がある。というのは、言語習得は絶えず変化する状況で生じる複雑な人間行動の研究だからである。だから、その情報は、いろいろな視点から正確に収集し、研究のすみずみまで正直に、一貫した解釈をしなければならない。）

こうした動きにも支援されて、インプット中心の習得理論は修正され、文法学習や発話練習の効果も正当に組み入れた「統合モデル」がいくつか提案されている。その１つが次ページに示すRod Ellis(1997:123)のモデルである。

　ここでモデルの内容を細かく説明するゆとりはないが、文法学習が「顕在的知識」となって、コミュニケーション能力となる「潜在的知識」の育成にも役立つ様子を示している。アクション・リサーチとの絡みで言えば、数量的な処理では解けなかった

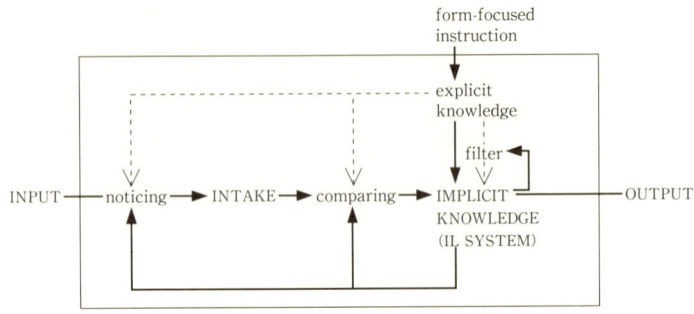

第二言語習得における顕在的知識の役割

謎を，日記という質的なデータの活用によって解明した意義は大きい。数量的研究だけでなく，質的な研究にも支えられて最新の第二言語習得理論は構築されているのである。

(3) 応用言語学の推移

応用言語学の研究がすべて，数量的な実験や調査だったわけではない。しかし，「教室内の実験」と呼ばれるものの多くは，数量的なデータを収集し統計的に処理することによって，一般論として通用する結論を得ようとしてきたことは事実である。結論の信頼性や妥当性を確保するためには，雑多な要素が入り込まないように，調査項目を整理し，実験室状態を作り出す必要がある。逆から見れば，教室の持つ重層的な複雑さを無視し，しかも，短期間の横断的調査に依存するという形になる。一例として，「自由英作文のフィードバックは，教師が与えた方がよいか，生徒で相互に意見交換をさせたほうがよいか，それとも，自分で見直させるべきか」という問題を数量的調査で扱うとしよう。

まず，収集するデータは数量的に処理できなければならないから，「フィードバックの効果」を「文法的誤りが修正される度合い」で見ると操作上の定義をしなければならないだろう。作文の

内容にまで入り込むと主観が入るし,数量的な扱いが難しくなるから,初稿と再稿の間にフィードバックを入れ,生徒の初稿での文法や語彙の誤りが再稿ではどの程度訂正されたかで効果を見ることに設定するわけである。次に,同程度の書く能力を持った3つのグループを設定し,同じトピック,同じ条件で初稿を書かせる。その後のトリートメントとして,実験群には教師が誤った箇所にマークをつけて返却し,それをもとに再稿を書かせて提出させる。統制群の第2グループでは,生徒が作文を交換して訂正し合い,第3のグループは自分で見直して,再稿を書かせて提出させる。所要時間は3グループとも一定にする。提出された3種類の再稿の英文から,それぞれ何%の誤りが訂正されたかを調べ,3グループの成績を統計的に処理して有意な差があるかを検定し,第1のグループが第2,第3グループに比較して有意に効果が認められれば,教師による訂正が最も優れたフィードバックの方法だと結論づけることになる。

　この調査は,調査としては誤りではない。教師が指摘した誤りが一番訂正される可能性の高いことを示している。しかし,この結果を,実際の英作文の授業研究としてとらえると,次のような問題がある。

1) 1回の調査で,教師の訂正が一番効果があったとしても,1年間継続した場合に同じ結果になるとは限らない。教師の訂正があたりまえになると,訂正された部分だけを直し,他の部分は見直しさえしなくなり,結果としてモニターの力を弱めることになるかもしれない。継続して調査しないと結論は出ない。

2) フィードバックが誤りの訂正に矮小化されている。教師による指導を初稿と再稿の間に行うよりは,再稿は生徒同士で内容に重点を置いてコメントをさせ,書き直した後で教師が誤りやすい言語項目を全体に指導したり,例を示して説明したり,

個々の生徒の質問に応じたりすることも可能である。フィードバックの多様な可能性を探ることが，実践的にはより意味があるが，その点が無視されている。
3) 生徒対教師の関係が，「書く人」「調べる人」と固定されてしまい，本当の意味での書く活動にならない恐れがある。書きたい人に書きたいことを書くのが本来の書くコミュニケーションだとすれば，不自然な活動を押しつけることで，書く意欲を失わせ，人間関係の構築の機会も奪ってしまうかもしれない。
4) 英作文は誤りのない英文を書くことが一番大切で，内容は二の次という誤った考えを植えつける恐れもある。

　上の調査は実際のものではない。わかりやすいように，応用言語学的なデザインを多少誇張して示し，「教室内の実験」の問題点を解説したものである。しかし，現実に学会誌に載る論文でも，客観的データを集めるために，無理をしたデザインを取るものも少なくない。Larsen-Freeman (1996 : 169) はこれまでの「科学性」重視の応用言語学の手法を見直し，より現実に即した調査が必要だとして，次のように述べている。

　What we say about teaching and learning will need to acknowledge the unique, changing, and complex nature of every context. What I think we need to do in order to realize transferability is to transcend the complexity—not ignore it or attempt to control it.
　(これからは，指導や学習を語る時には，それぞれの文脈の独特で，変化してゆく，複雑な特性を認知する必要があるだろう。転移性，すなわち，ある実験の結論が他の場面でも生きると主張するには，状況の持つ複雑さを無視したり，制御したりしようとするのではなく，その超越が必要だと思うのである。)

結局,「教室内の実験」も本当に有効なものであるためには,それぞれの教室の持つ複雑さやユニークさをコントロールすることではなく,むしろ,はっきりと認識した上で行うべきだとしている。そして,こうした実験が意味を持つには,最低でも教師の意見を求めるべきだともしている。英語教育には確かに「科学」の側面があり,理論は必要だが,それは個々の状況を無視することでは生まれないとLarsen-Freemanは主張しているのである。Ellis(1997:35)もまた,次のように指摘している。

　　Classroom-centered research conducted by researchers does not supply a body of information about effective pedagogy which can be transmitted to teachers as solutions to their problems any more than does pure research.
　（研究者による教室での研究も,純粋理論の研究と同様に,教師の抱える問題の解答として直接役立つ指導法の情報は,あまり与えてはくれないものだ。）

「教室内の実験」というだけでは,理論的な研究と同じく,現実の指導の役にはあまり立たないのである。結局は,こうした実験や理論からヒントを得て,教師が自分の教室で行う,長期的なアクション・リサーチが必要だということになる。

＊

　この節をまとめてみよう。教育方法学の流れも,言語習得理論の流れも,また,これまでの応用言語学に対する批判も,結局は,教師が主体的に,自分が直面している問題を,生徒の力を借りながら,持続的に実践と考察を繰り返してゆくアクション・リサーチの必要性を示唆しているのである。

　時代の流れの中で,社会が変わり,教育に求められるものも変

化してきた。その変化に対応する英語の授業研究は,「技術的実践」を「反省的実践」に結びつけ,また,数量的アプローチ主体のこれまでの教室内の実験から,質的なアプローチをも取り入れたアクション・リサーチへ転換することが求められているということである。

2 アクション・リサーチの定義と方法

　この章では，まず，第1節でアクション・リサーチの考え方は，授業研究の立場，教育改革運動の立場，理論検証の立場の3種類に大別できることを，成立の歴史とからめながら説明し，それぞれの定義を解説する。次に第2節では，アクション・リサーチに対する代表的な批判に答えて，アクション・リサーチには応用言語学と異なる目的があるのであり，その視点から信頼性，妥当性があると弁護する。第3節では，アクション・リサーチの典型的な調査方法を，段階ごとに解説し，どんな点に注意してリサーチを進めるべきかを論ずる。

1 アクション・リサーチの定義

　前章では，「アクション・リサーチは教師が授業を進めながら，生徒や同僚の力も借りて，自分の授業への省察とそれに基づく実践を繰り返すことによって，次第に授業を改善してゆく授業研究である」と説明してきた。だが，全ての人が，この説明に納得するわけではない。同じ「アクション・リサーチ」でも，異なる目的や方法論を取る立場の人も少なくないのである。大雑把に言えば，基本的な立場は次の3つに分類できるだろう。
(1) 反省に基づく実践を繰り返すことによって，自分の授業を改

善していくことを第一にする授業研究の立場。第1章の立場はこれに当たる。

(2) 学校や地域の教師集団で協力してある問題を実践で追及することによって、カリキュラムや評価ばかりでなく、学校運営などの教育改革にも反映しようとする立場。

(3) 応用言語学や言語習得理論に基づく仮説を、授業実践を通じて検証し、関連学問に貢献しようとする立場。

現実にはこの3つの立場は重なりあう部分が多く、峻別することは難しい。たとえば、(1)の授業研究の立場に立つ人でも、授業改善で目指す方向は(3)の応用言語学や言語習得理論からヒントを得ることが多々あるし、また、授業研究の結果が単に1人の教師の指導法の改善にとどまらず、評価方法やカリキュラムの改定を目指す(2)の立場にまで踏み込むことはごく普通にあるからである。したがって、(1)〜(3)の分類はあくまでも典型的な例を想定してのことなのだが、アクション・リサーチの幅を知る上で、それぞれの特徴を承知しておくことは意味がある。

1-1 授業研究の立場

この立場は、意図的な教育活動が開始されると同時に始まったとも言える。というのは、良心的な教師なら授業の後で結果をふり返り、その反省を次の授業に生かすということは、ほぼ本能的に実施してきたに違いないからである。この意味では、アクション・リサーチの考え方は、授業活動のなかの評価と密接に関連している。特に、Reflective Teaching という名称で、反省と実践のサイクルが意識的に授業研究に取り入れる主張がなされてからは、アクション・リサーチと Reflective Teaching の区別は、問題の絞り込みの差と言えるほど類似してきた。では、Reflective

Teaching とはどのような指導法を言うのだろうか。

提唱者の1人である Wallace(1991：15)は，これを従来の教員養成への批判と位置づけている。これまでの教員養成は，職人芸伝達型(craft model)か応用科学型(applied science model)であった。前者は，いわば「習うより慣れろ」的な発想で，先輩の教師が蓄積した指導技術を教わったり，模倣したりして習得させる方法である。この方法は本質的には保守的だから，変化の乏しい固定的な社会では機能する。しかし，社会も教育も激しく変わる現代では無理がある。1人の教師に限っても，前の学校の経験が，転勤先の学校では生かせずにまごつくのが普通である。結局，指導法を固定的な技術レベルでとらえようとする点で，職人芸伝達型の教員養成のモデルには限界がある。

一方，応用科学型のモデルでは，将来の教師に，まず，研究者によって構築された科学的指導理論を教え，それに従って指導するよう求める。そこには，理論を忠実に実行しさえすれば，指導効果は上がるはずだという前提がある。もし，上がらなければ，理論の理解不足か，あるいは適応方法に誤りがあったからだとされ，理論そのものの妥当性は疑われることはない。情報は研究者から教師へ流れるのみで，教室から理論を批判したり，再構成することはないのである。このことは結局，研究と教育，理論と実践のギャップを生むもとになったと Wallace は批判している。教室での問題を解決する能力を伸ばすのが教員養成の目的であれば，そのしくみが必要である。そのためには，理論や経験からヒントを得て実践したら，実践の結果を客観的な視点で考察し，得られた知見を次の実践に移すアプローチ，すなわち，Reflective Teaching が重要だとして，次ページのモデルを示している。

Received knowledge とは，英語力はもちろん，言語学や言語習得理論などに関して受けた学問的知識である。応用科学型モデ

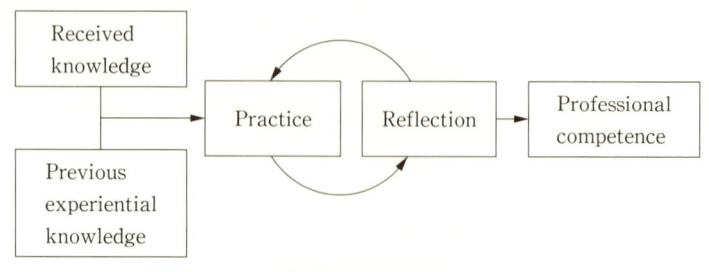

```
┌─────────────┐
│  Received   │
│  knowledge  │
└─────┬───────┘
      │      ┌──────────┐   ┌──────────┐   ┌──────────────┐
      ├─────▶│ Practice │⇄ │Reflection│──▶│ Professional │
      │      └──────────┘   └──────────┘   │  competence  │
┌─────┴───────┐                            └──────────────┘
│  Previous   │
│ experiential│
│  knowledge  │
└─────────────┘
```

'Reflective cycle'

ルは、この知識を充実させることで、指導法を科学と位置づけようとしたと言える。一方、Experiential knowledge は、体験によって得た知識である。自分の体験だけではなく、優れた授業を観察して得た知識も含まれる。たしかに指導には、技術としてマスターすべき側面はあるのだから、優れた授業の観察は意味があるが、それは模倣にあるのではなく、そこから洞察を得て、自分の授業実践で確認し内在化することによって、初めて意味があるのである。

とすれば、関連学問の理論をそのまま授業に取り入れたり、他人の用いている手法を盲目的に模倣するのではなく、そこから得た知識や技術をヒントとして、実践と反省を繰り返して咀嚼し、指導力を伸ばすことが大切なのである。

この立場からすれば、アクション・リサーチは通常の教育活動の中心にある Reflective Teaching の一部を焦点化し、調査を緻密に、組織的に実施したものに他ならない。事実、Wallace は、アクション・リサーチを次のように定義している。

It is done by systematically collecting data on your everyday practice and analysing it in order to come to some directions about what your future practice should be. This

process is essentially what I mean by the term action research. (Wallace 1998：4)
（日々の実践で組織的に資料を収集し，分析することによって，次はどのような実践をするかという将来の方向を探る過程こそ，アクション・リサーチの本質である。）

また，同じように Reflective Teaching を主張する Richards and Lockart (1994：12) も，次のように定義する。

Action research refers to teacher-initiated classroom investigation which seeks to increase the teacher's understanding of classroom teaching and learning, and to bring about change in classroom practice. Action research typically involves small-scale investigative projects in the teacher's own classroom, and consists of a number of phases which often recur in cycles: Planning, Action, Observation and Reflection.
（アクション・リサーチとは教師が自分で教室で行う調査で，その目的は指導や学習の理解を深めたり，教室での実践の変革を意図して行われる。典型的なアクション・リサーチは，教師が自分の教室で小規模な調査を行うものだが，それは計画，実践，観察，反省を含むサイクルを繰り返して行うことでなされる。）

この考え方は，授業研究の立場からのアクション・リサーチを薦める人に共通している。研究のための研究ではなく，教師が直面している問題を体系的に探り，方策を立て，実践と検証を繰り返すことによって，問題の解決を目指すという主張である。この派の代表とも言える Nunan は，アクション・リサーチを次のよ

うに定義している（Nunan 1989a : 13）。

One important feature of action research is that it is carried out principally by those who are best placed to change and, hopefully, to improve, what goes on in the classroom, that is, by classroom teachers themselves.
（アクション・リサーチの重要な特徴は，研究が教室で実際に起きていることを，望むらくは良い方向に変えるのに最も適した，すなわち，実際に教えている教師が主体となって行われる研究だという点である。）

アクション・リサーチと Reflective Teaching が非常に類似した教育観から生まれていることが，おわかりいただけただろう。この立場からのアクション・リサーチが最も実行しやすいし，現在の主流でもある。だから，第一章では，その発想をもとに注目されている理由を解説し，生徒中心の発想や体験重視の教育観が底にあることを説明してきたのである。

ところで，生徒の体験を重視する教育観が提唱されたのは，最近のことではない。実は，20世紀初頭にアメリカの教育学者 Dewey によって提唱された learning through experience は，まさに体験重視の教育実践であった。Dewey はまた，そのための授業研究の必要性も提唱して，次のように述べている。

They (scientific results) may be scientific in some other field, but not in education until they serve educational purposes, and whether they really serve educational purposes can be found out only in practice. (Dewey 1929, cited in Burns, 1999 : 26)

(他の分野では科学的な研究結果であっても、教育では、教育的な目的に役立たない限り科学的とは言えないし、役立つか否かは実践してみなければわからない。)

アクション・リサーチという言葉こそ使っていないが、教育に役立ってこそ「教育の科学」であり、また、実践に基づく判断こそがそれを決定することを強調している点で、Dewey はまさに、アクション・リサーチの先駆者と位置づけることができるだろう。

ところで、現在のアクション・リサーチの運動の源流は実はアメリカではない。むしろ、イギリス、カナダ、オーストラリアなどでの実践が、アメリカに逆輸入されたのである。では、Dewey の発想はその後どうなったのか。実は、本家のアメリカでは、彼の唱えた体験重視の教育は一時的に大流行はするものの、本格的には定着しなかった。むしろその反動から、大工場の流れ作業をモデルにした情報伝達型の授業が勢いを増し、やがては "Back to Basics" の大合唱のなかで、協同作業型の授業は否定されたのである。それに呼応するかのように授業研究の方法も変わった。行動主義心理学の主張する数量的な研究だけが科学的だとされ、教室の特殊事情は無視し、多数のサンプルから望ましい教師の行動を数値で表わし、生徒の達成度との関係を調査して、効果的に情報や技量を伝達するための授業分析が主体となったのである。感想や意欲などの主観的データは「非科学的」だとして無視、ないしは軽視されていった。もちろん、こうした中でも反省と実践のサイクルを大切にするという発想は現場では生きていたであろうが、それは個人的な工夫か評価の一環であって、体系化しても「授業研究」とは認められなかったのである。

皮肉なことだが、教育の中でアクション・リサーチが窒息死したアメリカで、「アクション・リサーチ」という言葉が最初に用

いられることになった。それは，1940年代に活躍した社会学者のKuit Lewin の論説によってである。彼は，社会問題を調査する時には，社会学や経済学の理論から発想すべきではなく，当の社会に生きる人々の問題意識を出発点とすべきだと主張した。また，調査は analysis, fact-finding, conceptualization, planning, implementation, evaluation のプロセスを経て，1つのサイクルが終了したら，また，同じ手順で調査を進め，スパイラルに問題の解決に進むべきである。その際には当の社会に住む人たちが積極的に理論化や実践に関わり，その過程で次第に社会的意識の高揚をも目指すべきだと主張し，それを Action Research と呼んだのである。具体例を挙げて説明しよう。

ある工場で作業工程を効率化するために，どのような意思決定の方法が有効かを，工場の作業を進行しながら，すなわちアクションを継続しながら，探求するリサーチがなされた。最初は会社の上層部が改善点を定め，それを現場に下ろすという形で行われた。しかし，指示の細部に齟齬が生じ，指令も徹底せず生産性は落ちた。そこで，次は各作業部署の代表者を集めて意見を聴取して改善点を定め，彼らを通じて指令を下ろしたのである。生産性が多少落ちたが，すぐに改善が見られた。その次には，工員全員に改善すべき点を自由に出させ，民主的な話し合いを通じて決定し，それを実行させたのである。結果は，第3の方法が最も改善が徹底し，生産性も大きく向上したのである（Ellis, 1997：23）。

Lewin の調査研究は，1930年代の民主的労働運動の息吹が感じられる，時代の申し子的な側面を持つことは事実である。しかし，現在のアクション・リサーチの要因を全て含んでいる。まず，問題の所在を理論から出発するのではなく，直接関わる人達の問題意識に見出す。また，解決のための探求方法も，分析，計画，

実践，評価のサイクルを繰り返すスパイラルなアプローチを取る。また，底流にある精神は，上からの押しつけではなく，直接関わる人達の意見を集約して問題解決を目指すということである。つまり，Lewin のアクション・リサーチは作業の効率化だけでなく，民主的な社会意識の高揚をも狙った研究だったのだが，40年の歳月を経てイギリスで復活した時，それは教育改革運動の色彩を持って現れることになったのである。

1-2　教育改革運動の立場

　イギリスでアクション・リサーチの研究団体が初めて誕生したのは，1976年の The Classroom Action Network の設立だとされているが(Nixon, 1981：5)，この運動の胎動は，1970年代に入り政府主導の教育改革に危機感を抱いた教師集団の自主的研究にあった。イギリスではそれまで，国で定めた中等教育修了共通試験普通級(Oレベル)や大学受験に必要な上級試験(Aレベル)などの公的な試験によって学校教育を出口でコントロールするシステムはあったが，カリキュラムや教科書も含めて，全て校長や個々の教師の判断に委ねられていたのである。ところが，社会の産業化が進み，一定の学力を保持する労働者が大量に必要になるにつれて，教育の効率化が求められてきた。それに対応してイギリス政府は，従来の教育への不介入の方針を転換し，日本の学習指導要領に相当する The National Curriculum の設定に向けて準備を始めたのである。それまで，「教育のプロ」を自認し，一切の決定を自ら行ってきたイギリスの教師にとって，この教育政策の転換にどのように対応してゆくかが大きな問題となった。

　当時のイギリス政府の「中央からの締めつけ」教育政策が，批判的な知識人にはどのように見えたか，次の引用からもわかる。

The whole administrative hierarchy of education, as it grew up, followed the model of industrial bureaucracy. The very organization of knowledge into permanent discipline was grounded on industrial assumptions...

The inner life of the school thus became an anticipatory mirror, a perfect introduction to industrial society. (Richmond, 1978 : 159)

(教育行政の階層性が進むにつれて,それは産業界の事務組織をモデルとした。知識を学問的に体系化する時でさえ,産業界の期待に添う形でなされたのである。(中略)このようにして,学校生活自体が産業界をみならい,完全にその入門準備となったのである。)

こうした激しい論争にもかかわらず,やがては1988年にサッチャー首相によって The National Curriculum は導入されるのだが,それを支持する動きに対抗して,大学の研究者を中心に,現場の教師を巻き込んだ実践的研究がさかんに行われた。だが研究が進むにつれて,研究者が研究としての客観性や普遍性を求めて「科学的アプローチ」を取ろうとするのに対して,現場の抱える多様な要因を尊重し,より実態に即した実践研究を求める教師との間にギャップが生じてきた。しかも,教師側には,共同でカリキュラムや教育行政の問題を研究することによって,研究結果を直接,教育行政に生かそうという狙いもあった。こうして,「教師による,教師のための実践研究」が強調されるようになったのである。これは二重の意味での独立宣言であった。1つは官製の教育改革に対する独立であり,もう一方では,現場と離れた「科学的研究」を続ける研究者からの独立という側面もあったのである。この運動に人々を駆りたてたのは,1960～70年代の市民権運動や,女性解放運動にも共通する主体性確立運動の精神だっ

たのである(Johnson, 1992 : 215)。

　中心となったのは Lawrence　Stenhouse である。彼は，*An Introduction to Curriculum Research and Development*（1975）の中で，教育理論の正当性は議論ではなく，当の理論に沿ってカリキュラムを作成し，そのカリキュラムを教師のアクション・リサーチで検証することによってのみ論じることができるとして，次のように述べている（1975 : 142）。

　　The crucial point is that the proposal is not to be regarded as an unqualified recommendation but rather as a provisional specification claiming no more than to be worthy putting to the test in practice.
　　（重要な点は，提案を価値のない勧告として捨て去ることではなく，実践で試す価値はある問題提起がなされたと見なすことである。）

としている。ここに，先に引用した Dewey の主張や Lewin の問題意識を読み取ることができる。こうして，Stenhouse や彼の後継者たちが，アクション・リサーチの発展に大きな功績を残したのである。この視点から，アクション・リサーチは社会改革的な意味合いを持ち，次のように定義される。

　　Action research is the application of fact finding to practical problem solving in a social situation with a view to improving the quality of action within it, involving the collaboration and co-operation of researchers, practitioners and laymen.（Burns, 1994 : 293）
　　（アクション・リサーチとは，事実発見の研究手法を社会での実際的な問題解決に適応することによって，その場の行動の質の向上を

目指すもので，研究者，実践者，部外者の協力と共同作業を含むものである。）

当然のことながら，共同研究が中心となり，単に教師の授業改善や指導力を伸ばすというよりは，教育内容や行政をも変革することを意図した動きである。この主張はまた，教育には必然的にイデオロギーが内在するもので，教師が当然と考えているシステムにも，本来はゆがんだ価値観や信念が潜んでいる。だから，研究者や教師ばかりでなく，一般人も引き入れた共同研究によって調査し，改善に向けて努力すべきである。そうすることによって初めて，真のカリキュラム改善や教育行政の改革が望めるのだ，という立場である。しかし，この場合でも，決してスローガンを叫ぶことが中心ではない。あくまでも個人の地道な実践研究が中核になるのである。このことは次のような定義に見られる。

The approach is only action research when it is collaborative, though it is important to realise that the action research of the group is achieved through the critically examined action of individual group members. (Kemmis and McTaggart 1988 : 5)
（研究がアクション・リサーチであるためには，まず，その研究が協同で実施されることが条件である。もっとも，グループのアクション・リサーチといっても，メンバー1人1人の実践を批判的に検討することでしか達成されないことを認識する必要がある。）

イギリスでのこの運動は，すぐにオーストラリアにも波及し，Deakin University がアクション・リサーチの中心となった。オーストラリアでは，成人移民者に対する英語教育の分野で，特

に、カリキュラムや教材開発の共同研究として発展した(Burns, 1999：5)。中心となったのが Ausralian Adult Migrant English Program (AMEP) である。このプロジェクトでは、メンバーにそれぞれ興味のある研究分野を選ばせ、同じ興味を持った人達を有給でセンターに招いて、定期的にワークショップに参加させ、研究方法やデータ収集についての情報を与えたりした。また、互いに研究成果を公表し、それをカリキュラムや教材作成に生かしたのである。この試みは参加者にも大きな満足感を与えたようで、次のようなコメントが寄せられている (Burns, 1999：14)。

▶アクション・リサーチに参加して、教室で自分がやっていたことを評価するきっかけになった。その結果、評価や説明についての考え方が、内容というよりは――それはあまり変わらないが――やり方がより組織的になったと思う。

▶アクション・リサーチに参加して、センターの外でも他の人と会って、アイディアを聞いたり、共通する問題の解決方法を聞いたりする機会を持つことができた。

このような感想を見ると、共同研究のアクション・リサーチを無理に教育改革とつなげてとらえる必要はないことがわかる。共同研究が指導技術の上達につながったり、サジェスチョンを与え合うことが実践に役立っている様子が伺える。忙しい教師にとって、リサーチを継続することは容易なことではない。同じ問題意識を持つ仲間と意見交換するだけでも、大きな励みになるのである。

日本でも指導要領の改定によって、各地域や学校の判断で、特色ある教育を施行することが求められている。英語教師がグループ研究に関わるとしたら、次の2つが想定されるだろう。

(1) 総合学習の時間の国際理解教育

英語を母語とする人たちを、異文化理解や異文化間コミュニ

ケーションの練習台ととらえ，広い視野で活動を考える必要があるだろう。当然，社会科などの他教科の教師とのチーム・ワークが必要となる。その場合に，何を目的にし，生徒にどのような変容を期待するのか，どのような活動や体験を与えるか，どのような支援を計画するのか，活動をどうまとめ，評価はどうするのか，また，役割をどう分担するのか，などなど，共同で解決してゆかねばならない問題が山積している。

(2) 英語教育の学年間の連携

中学校の新指導要領では，学年目標は外され，言語活動も一括表示になった。このことは，教師が授業活動を展開する幅を広げたというメリットはある。しかし，手軽なゲームに時間を割き，基礎基本をおろそかにすると，高学年では授業が成立しなくなる恐れが増えたということでもある。学校独自で学年の目標を立て，最低達成基準を定める必要がある。これも英語教師がグループで取り組まなければならない，重要な研究テーマである。

これに限らず，学校内外での共同でのアクション・リサーチの必要性は，今後いっそう増すことと思われる。こうした活動にも，リサーチの手法を承知していれば，前向きに対応できる。

1-3 理論検証の立場

授業研究や教育改革運動としてのアクション・リサーチは，教師が現実に抱えている問題意識から出発する。現場の視点から研究を推進することによって，外から与えられた理論から自立できるのである。「教師による教師のための実践研究」を可能にした意味は大きい。ただ，そこには危険もある。「現場の視点」を採るということは，経験に依存して判断する可能性が大だからである。例を挙げて説明しよう。

文法訳読式で習った人が教師になったとしよう。また，大学でも英語教授法は触れる程度だったとする。すると，この教師にとって，英語学習は文法を覚え，単語を暗記することと同義だろう。幸い，最初の赴任校は受験校だったので，特に問題はなかった。ところが，次に転勤した実業高校では，生徒は文法や単語の学習に何の興味も示さず，説明を聞こうともしない。それどころか，予習を強調すると反発さえする。この場合，教師には「授業がうまくいかない」という認識はあっても，自分の経験をふり返る限り，非は生徒にある。そこで「できの悪い生徒は救いようがない」と自己正当化してしまう。

　しかし，これでは困る。なぜなら，プロとしての教師の役割を放棄しているからである。では，プロとしての教師の役割とは何か。すでに見てきたように，それは，ただ，知識を生徒に一方的に与えることではない。

　プロの役割を理解するには，建築学の中で行われた議論が参考になる（佐藤，1996a：73-5）。かつて，設計士はプロかという議論があった。設計士は家を建てる大工のような技能者ではない。かといって，力学や材料学の学問の応用方法を考える応用科学者でもない。彼らは，依頼主に満足してもらえる設計をするために，工学的知識と美的センスを役立てる。すなわち，工学や美学などの知識や技量と，依頼主の要望をコーディネートして，夢を実現してくれるからプロなのである。とすれば，教師は英語力や指導法の知識を，生徒のニーズに合わせて用いることができてこそプロである。上で例として紹介した教師の知識には，生徒のニーズに合致するモデルが含まれていない。とすれば，この教師は，全く新しい発想をレパートリーに加えなければならない。たとえば，生徒が遭遇しそうな場面を設定し，その中で有用な言語機能や概念を取り出してロール・プレイで練習する。あるいは，絵や写真

などを用いて，興味深い内容を英語で話し，たくさんのインプットを与えることなどである。こうした努力なしでは，プロの役割を放棄したことになる。

英語教育全体についても同じことが言える。Notional / Functional Approach にしても，The Natural Approach にしても，教室の問題を出発点としたリサーチが提案した理論ではない。社会言語学や言語習得理論の知見から導き出された指導法である。とすれば，「教師の独立宣言」を狭い意味でとらえ，関連学問に目を閉ざしていては，可能性を自ら狭めることになる。こうした知見は積極的に取り入れ，授業で試すことによってレパートリーを広げる必要がある。では，この立場は先に説明した「応用理論の立場」とどう違うのか。

「応用理論の立場」では，理論が主であり，実践は従であった。実践が理論どおりにいかない場合は，理論を正しく理解していないか，あるいは，適応の仕方を誤ったかのいずれかとされ，科学的に立証された理論そのものの妥当性に疑問の余地はないとされたのである。教師はあくまでも与えられた理論の消費者であり，理論の構築は研究者の独占であった。別の言い方をすれば，教師の上に立つ教師のようにふるまっていたのである。

これに対して，アクション・リサーチの理論の扱いは，Dewey の指摘にもあるように，他の分野では科学であっても，実践で確認されないかぎり，教育の科学ではないという立場に立つ。すなわち，現場に根ざした問題と同等に扱われる。この点に関して，Ellis(1997:26)はアクション・リサーチで取り上げる問題(specification)には，現場からの問題の他に，学問分野からの問題もありうるとして，次のように述べている。

Alternatively, the specifications can be drawn from the

technical knowledge provided by research.　Action research serves as an empirical test of whether the generalizations provided by confirmatory research or understandings provided by interpretative research are applicable to specific classroom settings.

（また，特定の問題が学問的知識から引き出されることもある。仮説証明で提案された一般論や，質的調査の解釈によって得られた理解が，実際の教室に適応するか否かを試す実験テストの役割をアクション・リサーチはするのである。）

ここでの technical knowledge とは，言語習得理論や応用言語学などの専門的な知識を指している。結局，応用言語学などの実験で確認された一般論も，観察などを通じて得られた知見も，実際に教室で試してみなければ，本当は信用できない。だから，アクション・リサーチによってテストしてみて，何回も予測した結果が生じなければ，その一般論や知見は自分の置かれている状況には適応しないとして否定すべきだというのである。

同じ趣旨のことを Odell(1987) は次のように言っている。

　Although small-scale studies don't let us refute or confirm beyond all shadow of doubt, they can let us say, "Theory X doesn't quite fit what I find going on in one specific situation." If we produce data that seem inconsistent with a particular theory, then it may become necessary to reexamine, perhaps modify that theory.

（小規模な研究で，ある理論は間違いなく誤りだとか，正しいと断定することはできないが，「ある状況では，この理論は合致しない」とは言える。理論に合致しないデータがあれば，理論を再調査する

か，修正することが必要となる。)

このタイプのアクション・リサーチを一歩進めれば，大学の研究者との共同研究による理論面の研究になる。Ellis はそれを technical action research と呼んでいる。すると，このタイプのアクション・リサーチは，研究室と教室，理論と実践を結ぶ役割を果たし，学問的な厳密さが要求されることになる。

では，このタイプのリサーチのテーマとしては，どのようなものが考えられるだろうか。1つは，第1章でも触れた言語習得理論に関わる仮説の検証であり，2つ目は指導法や教材開発に関わる研究，3つ目は，応用言語学の「教室内の実験」を長期的な実践で確認することだろう。その意味では，これまでの実験や調査は，アクション・リサーチの問題をたくさん提供してくれる。

*

この節をまとめてみよう。これまで，3つのタイプのアクション・リサーチを説明してきたが，冒頭で述べたように，3者は相互に重複していて，どの部類に属するかは見分けがつかないのが実際である。しかし，本書では，実践例として3つのアクション・リサーチを取り上げているが，第4章の研究が授業研究のタイプ，第5章の研究が共同研究，第6章の論文が理論検証の立場に近いと言えるだろう。それぞれの目的に応じて参照されることを勧めたい。

次の節では，アクション・リサーチへの批判を検討したい。

2 アクション・リサーチへの批判

これまで他の研究方法を批判し，アクション・リサーチを弁護してきたが，では，アクション・リサーチの価値は誰もが認める

ものなのだろうか。そうではない。いくつかの批判がある。この種のリサーチの実施可能性，信頼性と妥当性，それに従来の実践研究との差についての疑問や批判がある。

2-1　実施可能性

　実施可能性への批判とは，現場の教師にリサーチは無理だという意見である。まず，時間がない。同僚や上司もリサーチに好意的ではない。教師自身にも問題がある。英語を叩き込むことが仕事だと信じている人に，生徒にオープンに接しなさいと言っても無理がある。また，普段から目標や評価を意識した授業をしていなければ，研究の焦点が絞れない。「学級王国」の意識があり，自分の殻を破る共同研究ができない，などなどである。こうした悪条件の中では，価値あるリサーチができるはずがないという批判である。

　たしかに，アクション・リサーチは誰もがどこでもできるわけではない。意欲的で，良心的な教師が，苦労を覚悟して初めて可能だろう。しかし，実践で得るものも多い。まず，生徒理解を深め，指導技術を高めることになる。この点は，本書で紹介する実践例を読めば自明である。第2に，教育のプロとしての自信を高める。リサーチがなければ，教師は常に研究者の下位に甘んじ，指導理論やカリキュラムを受け入れるより他ない。リサーチをすることで，自分の実践と学問の動向とを結びつけて理解するようになり，誇りを持つことができる。第3に，新指導要領で主張されている，学校独自のカリキュラムを考える資料を得ることができる。これからの教師は，教え方の技量ばかりでなく，実践を外部と共有し，協力する能力も求められるからである。

2-2 信頼性と妥当性

　批判の第2点は，アクション・リサーチは質的，主観的な資料を多用するから，信頼性や妥当性に欠け，厳密な意味でのリサーチとは言えないという批判である。こうした批判は，アクション・リサーチの目的についての無知から生ずる場合が多い。アクション・リサーチは，特定の状況で特定の問題への解決を第一にするから，一般論としての妥当性はさしあたりは問題にしない。結論を一般化しないのだから，数量的な資料だけに依存せず，質的な資料も取り入れることができる。そうすることで，複雑な要因を孕(はら)む個別の教室での調査の妥当性を高めようとするのである。

　例えば，ある指導法の効果を判定する時に，活動ごとに小テストで達成度を点数化するよりも，集中している生徒の概数を教師が瞬間的に判断して記入し，それを継続して実施したほうが妥当性がある。なぜなら，テストのたびに授業を中断していたのでは，授業の効果が損なわれる。また，教師の観察ばかりでなく，しかるべき時点で生徒に無記名で感想を書かせたり，第三者による観察結果を利用したり，また，期末テストなどの数量的な資料を利用するなど，複数の方法でデータを集めることによって，客観性を増すよう意図することになる。具体的な方法については，第4〜6章の実践例を参照されたい。

　調査や実験の信頼性，妥当性の議論で参考になるのは，Nunan の説(1993)である。彼は，科学的な論文には，いずれも信頼性と妥当性は不可欠だが，この両者にはそれぞれ内部的と外部的の2面があるから，計4つのチェック・ポイントの検討が必要だとしている。簡略化して説明すると，

(1) **内的信頼性**（internal reliability）：実験データを実験者が何度分析しても，常に同じ結論になるか。すなわち，実験データと

その分析に信頼性があるか。
(2) **外的信頼性**（external reliability）：同じ実験を再度実施しても，得られる結果は同じか。すなわち，実験のデザインそのものに信頼性があるか。
(3) **内的妥当性**（internal validity）：意図したことを調べる調査方法としてこの方法は妥当か。すなわち，実験の結果が本当にトリートメントによって生じたと言えるか。
(4) **外的妥当性**（external validity）：調査で導き出された結論は，被験者が変わっても該当する一般的な事実か。すなわち，一般論としての妥当性があるか。

ということである。科学論文で重要なのは特に(4)の視点で，だから，応用言語学も実験群と統制群を厳しく設定し，トリートメント以外の要因が入り込まないように配慮し，結果を統計的に処理することによって，一般論として通用する科学的事実を発見しようと努めるのである。

繰り返し説明してきたように，アクション・リサーチは自分と生徒が直面している問題の解決が第一であって，外的妥当性はさしあたりの関心事ではない。ということは，(4)の external validity を捨てることによって，状況に深く根ざした，多面的な要因を丸ごと探るリサーチを成立させようと計るのである。だから，external validity がないことをもって，アクション・リサーチを批判するのは誤りである。一般論を目指す応用言語学とは目的が異なり，したがって方法論も異なるからである。

もちろん，理論の検証を目的としたアクション・リサーチがあることはすでに述べた。しかし，その場合でも，狙いは一般論ではなく，固有の状況でその一般論が有効か否かを論じることにある。だから，アクション・リサーチは(4)を捨て，(1)〜(3)を充実させる研究なのである。

この点に関して，G. Crookes(1993)は次のように述べている。

An action research report, therefore, should not be read as if unsuccessfully targeted for an academic journal. Its contents should, however, be disseminated.
（アクション・リサーチのレポートは，[一般の学会誌とは異なる読者，すなわち，実際にアクション・リサーチに携わっている教師に向けられたものなのだから，] 学会誌に掲載されることを狙って失敗した論文のように見てはいけない。ただ，その内容は，[現場にはとても必要な情報が多いのだから，] 是非とも，広めなければならない。）

アクション・リサーチにも独自の信頼性や妥当性は必要なのである。アクション・リサーチの形式は取っていても，そこに(1)～(3)の要素が欠けていれば，それは，アクション・リサーチとは言えないのである。

2-3 実践研究との違い

アクション・リサーチは，これまで行われてきた実践研究とどう違うのか，という質問がよくなされる。その答えは，「これまでの実践研究」がどのようなものかによる。すなわち，「これまでの実践研究」が，先の(1)～(3)の要因を満たし，かつ，次節で説明するような手順を踏んで実施されてきたなら，それはアクション・リサーチとなんら変わらない。ただ，私見によれば，これまでの「実践研究」は(1)～(3)のそれぞれが不十分であった。

例えば，ある理論に基づいて実践がなされたとして，その理論の解釈が実践によって確認できる形にまで具体化されていたか。

また，その成果を確認するために，事前の調査や事後の調査で，資料は多面的，組織的に収集されてきたか。また，検証に際しては，結論に都合のよい部分だけがつまみ食いされたことはなかったか。収集した資料を客観的に分析し，分析に基づく結論となっていたか。それよりも何よりも，「まず結論ありき」で，研究過程の組み立が十分でなく，妥当性に疑問の残るものが多かったと思うのである。もし，それが誤解であり，問題の確定，予備的調査による仮説の設定，計画の実践，仮説の検証，仮説の再構築という過程を経て研究がなされてきたのであれば，それはアクション・リサーチと何も変わることのない，優れた実践研究だと言えるだろう。

*

以上，アクション・リサーチの歴史と，そこから生まれた3つの立場を説明し，また，アクション・リサーチへの批判にも言及してきた。応用言語学の研究とアクション・リサーチは，相補的な存在であり，一方が他を否定するのではなく，それぞれの場面で，それぞれの研究が行われなければならないというのがこの節の主張である。では，実際にどのようにアクション・リサーチを進めればよいかを次の節で説明する。

3 アクション・リサーチの方法

これまでの説明で，アクション・リサーチの具体的な方法もかなり見えてきたはずである。まず，直面している問題を明らかにし，生徒や教師の実態を把握しなければならない。その上で，対応策を考える。次に，それを一定の期間実施してみて，変化の様子を観察やアンケートやテストで調査する。調査結果を分析し，満足のゆく結果でなければ，再度，問題点を調査して対策を考え，

以下，同様な手順を繰り返す。ある程度の結果が出た段階で，これまでの研究の過程をまとめて発表し，客観的な視点から実践を検討してもらい，新たなアクション・リサーチのサイクルを開始する。このサイクルは下の図で示すことができる。

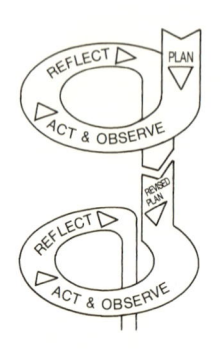

Nunan (1989a : 13)

1つのサイクルに含まれるステップは，いろいろに設定できるのだが，Nunan(1993 : 3)はそれを6段階に分けて説明している。以下，段落ごとに，簡単に解説する。

3-1 問題の確定 (Probrem Identification)

自分が抱えている問題点を絞り込む。現実には問題が重なっていて，どこに焦点化したらよいかわからない場合が多い。たとえば，「生徒が英語授業に消極的だ。もっと活発に自己表現をスピーチなどでやってほしい。少なくとも，挨拶や音読や文型練習にはもっと大きな声で反応してほしい」という問題意識を持ったとする。しかし，この全体を問題としてとらえると，どこから手をつけたらよいかわからなくなる。その時には，一番扱いやすく，具体的な成果が見やすい点に絞る。たとえば，一番成果が見えやすいのが生徒の声量だとしたら，「生徒の英語の声が小さい」と

いう問題をまず扱う。これが問題の確定である。

　アクション・リサーチで扱うことのできる問題（リサーチ・クエスチョン）は，指導法に関わることばかりでなく，学習意欲や人間関係など広範囲にわたる。ただ，初心者のうちは，クラスの全員が関わり，しかも，教師の力で対応できる範囲の問題がよい。逆に言えば，問題行動を起こす生徒の生活指導に焦点化したり，教師1人では対応できない入試問題の改善要求やクラス・サイズの問題などは，アクション・リサーチにはなじまない。通常の授業を進めながら，調査できる項目に絞ることが大切である。なお，この点については，第3章でもより具体的に扱っているので，そちらも参照されたい。

3-2 予備的調査 (Preliminary Investigation)

　問題が確定したら，内容を吟味する。具体的には生徒の声の実態のどこが問題なのか，活動で生徒の声に変化があるか，なぜそうなのかなどを観察やアンケートなどで実態調査をする。「声が出ない」という大雑把な捉え方ではなく，授業過程に沿って観察し，声を出している人数を把握したり，インフォーマル・インタビューで理由を尋ねたりする。一方，教師は自らの指導に問題はなかったか，声を出したくなる指導や評価をしてきたかなどもチェックする必要がある。また実際，どの程度の声を出すことを期待しているのか，それはなぜか，など自分の英語教育に関する無意識的な価値観などにも注意しておく必要がある。もちろん，これらの全てが解明するまでリサーチを開始してはいけないという意味ではない。ただ，アクション・リサーチでは生徒に質問すると同時に，教師が自らの姿勢を問い直すことが必要であることを指摘しておきたい。

加えて，経験者の意見を聞いたり，文献を調べたりして，「なぜ，声が出ないのか」という理由を探ることも必要である。「声を出す」ことも一種の「自己表現」だから，第1章2節の「マスローの三角形」で説明したように，重層的な要因が絡んでいるのである。教師は生徒に「声を出す」ことを要求する前に，「心地よい授業」「安心できる授業」「一体感が持てるクラス作り」の3層に十分な意を用いなければならない。特に，論文作成を意識した研究では，文献研究は欠かせない。上に述べたことに加えて，「声を出す」ことの英語学習上の意義を理論的に裏づけしておく必要がある。というのは，論文の場合は，授業を参観できない人を対象に書くことになるので，より客観的にデータで示す必要があり，加えて，論文の締め切りなどを考慮すると，本来のアクション・リサーチでは当然許される試行錯誤の時間的余裕がないからである。この段階の調査をどの程度緻密に行うかが，リサーチの成否を大きく左右する。

　したがって，予備的調査では，教室の実態を調査し，意欲を疎外する問題点などを分析し，この問題に対する有益な情報をできるだけ集積する必要がある。

3-3　仮説の設定 (Hypothesis)

　調査結果をふまえて，実現可能な到達目標を定め，対策を立てる。たとえば，当初の目標としては「開始の挨拶は英語で元気よくできる」と設定する。対策としては，教師はクラスのムードを明るくするために，授業外でもできるだけ豊かな人間関係を築く努力をすると同時に，授業では明るく元気よく挨拶を交わし，また，数人の生徒とも個人的な挨拶を交わすことにする。すると，この場合の仮説は，「教師が明るい声で挨拶をし，クラスのムー

ド作りに励めば，生徒の挨拶の声も十分大きくなる」となる。また，「十分な声」の判断基準は，「クラスの5分の4以上の生徒が，少なくとも隣の人に聞こえる声量で，英語で挨拶する」と定めておき，2～3週間をメドに観察を field-note（第3章参照）に記載しておき，その結果で判断する。

　だが，冒頭で述べたように，「声が大きい」ことは，それ自体が目標ではない。さしあたりは挨拶の声量で済むにしても，やがては音読や文型練習，Q and A や自己表現活動にも積極的に関わってほしいはずである。とすれば，さしあたりの「挨拶」は，一連のリサーチの第1段階である。だから，第1段階が終了してから，第2段階を考える bottom-up 方式も1つの方法だが，まず，全体像として大きな道筋を仮定した上で，その第1段階としての第1の仮説を位置づける top-down の方式もまた，有効な方法である。

　Top-down 方式は，登山にたとえるとわかりやすい。まず，リサーチをエベレスト登山と考え，研究目標を山頂だと仮定する。一気に麓から山頂にアタックを試みるような無謀なことは誰もしない。まず，現在地を確認してベース・キャンプを設営し，丹念に気候や状況を見極め，その上で山頂へのルートを設定する。途中にいくつかの拠点を設定し，一歩一歩頂上に近づくよう計画する。アクション・リサーチも同様で，基本的なルートはリサーチ・クエスチョンで設定しても，最終ゴールに至る道筋に複数の中間ゴールを置き，到達度を判定する基準を設ける。それによって，指導の効果ばかりでなく，ルートの適切さや変更の必要性などを判断するのである。

　このような考えからすれば，「挨拶の声量」を第1段階にしたら，次は「音読，文型練習」，第3は「教師への英語での応答」，第4は「生徒同士の英語での対話」，最後に「教師への英語での

質問やスピーチへの自主的参加」と，大筋のルートを全体から設定してもよい。この場合は，第1段階では第1仮説の目標達成を主目標にするが，他の目標でも関連するものは授業中に取り入れていくこともできる。具体的には，第1仮説の「挨拶」の段階でも，授業では「音読」や「文型練習」はあるのだから，それにも配慮しながら進めるということである。こうすることで，全体の進行を早めることができるし，第1仮説の失敗を第2仮説の中で，修正して取り入れることも可能である。

ただ，この方式は初心者には難しい。全体像のイメージが浮かばないし，予想されるルートの設定も容易ではない。その場合には，さしあたりの仮説を1つずつクリアし，クリアした段階で次のステップを考えるbottom-up方式が実際的だろう。いずれをとるかは，問題の難易度や実践者の経験によるところが大きい。

3-4 計画の実践 (Plan Intervention)

トリートメントとしては，教師主導で「挨拶」表現を繰り返し練習して定着を図ると同時に，授業内の他の場面でも，大きな声で全体をリードし，テンポ良くわかりやすい授業を進めることによって，クラスのムードを盛り上げてゆく。クラスの反応や個々の生徒の様子なども簡単にメモしてゆく。大げさに言えば，これは教師の味方作りの作戦だから，できるだけ個々の生徒のニーズに答え，"I'm on your side"というメッセージを，励ましやうなずき，笑顔で伝えることが大切である。ただ，あまりにオープンな態度がかえって生徒に警戒心を起こさせることがある。個々の生徒の反応に的確に対応することが必要だが，まずは焦らず，自分のペースで相手を判断せずに，一歩退いて，自分と生徒を客観的に見る瞬間も大切である。教師の努力や生徒の反応は，経過を

追ってノートにまとめておく。こうしたプロセス重視の視点は，アクション・リサーチの命である。

指導の効果を判定する時期は，仮説の性質によって異なるが，最低でも6〜10時間の試行が必要だろう。期間が来ても望ましい変化が生じなかった場合は，仮説に問題がなかったか，時間は十分だったか，実行方法に問題がなかったか，予期しない困難があったかなどを省察し，次のステップの方向を見定めることが必要である。

3-5 結果の検証 (Outcome)

予定の期間が来たら，観察結果やアンケートなどでトリートメントの効果を調べる。成果が初期の目標に達成していれば，次のステップに進み，「音読練習と文型練習の声は十分に出る」という目標を設定し，これまで述べたのと同様な手順で次のサイクルのリサーチを開始する。初期の目標が達成できなかった場合は，インタビューやアンケート，また，field-note などを調べて，失敗の原因が仮説にあったのか，指導にあったかを確定し，それを修正した形でもう1度同じサイクルを繰り返すか，あるいは，次のサイクルに進みながら第1サイクルの不十分な点をカバーできるかを判断し，新たな実践を始める。

3-6 報告 (Reporting)

結果をまとめて発表することはリサーチの大切な一部である。理由は，発表の場があると，困難に遭遇しても乗り切ろうとする意欲がわくばかりでなく，1人よがりの結論で満足する危険性を防げるからでもある。違う場面でアクション・リサーチをしてい

る人の報告から,同じ問題に異なるアプローチが可能なことを発見することもあるし,アプローチが異なっても,そこに共通の発見がある場合も多い。そのことがアクション・リサーチに対する理解の幅や深みを増すことになる。具体的手法については,第3章で説明する。

*

アクション・リサーチの代表的な3つの考え方を,歴史に言及しながら説明してきた。すなわち,授業研究の立場,改革を目指す共同研究の立場,理論を実践で検証する立場である。しかし,実際には3者は区別ができないほど重なりあっており,それがまた,リサーチの厚みを増し,意義を高めることになるのである。

次に,アクション・リサーチの6段階を説明したが,これも一応のステップに過ぎない。問題確定,予備的調査,仮説設定,実践,検証があれば,すなわち,Reflective Teaching のサイクルが守られている限り,いろいろなまとめ方が可能である。ただ,初心者のうちは,ここで示されたサイクルを守ったほうがやりやすい。どの段階で何をしなければならないかが明示されているからである。ささいな事柄でもよい。是非,教室で試みてほしいものである。試すことで理解が深まるからである。だが,実践を始めるには,まず,どのように資料を集めるのか,また,集めた資料をどう使うかが問題になる。次章ではこの点を説明する。

3 資料収集の方法と場面

　アクション・リサーチは，観察やアンケートなどの質的資料を重視すると説明したが，これは教師が調査結果を手前勝手に解釈してよいということではない。「資料をして語らしめる」という姿勢はあくまでも大切である。だが，その資料の中に，テスト成績などの数量的なものばかりでなく，授業観察やアンケートなどの質的な資料も積極的に含めるということなのである。

　調査の客観性を高めるには，偏見の入り込みにくい数量的データを多用するのは当然である。だから，先に説明した３種類のアクション・リサーチのなかで，理論の検証を意図するリサーチでは，数量的な処理は不可欠である。だが，そこにも危険がある。数値化しようとすることが，授業から測定しやすい側面を切り取り，実験室状態での短期間のトリートメントで結論を出すことにつながりかねず，問題の単純化，脱文脈化，断片化の危険があるからである。これでは，せっかく調査しても，その結論が教室での問題解決に役立つ可能性は低いと言わざるをえない。

　雑多な要因を抱えたままでも，科学的な調査は可能である。たとえば，人類学で行われている野外研究の手法を考えてみよう。人類学者が未知の社会を研究するとき，当の社会に入り込み，気づいたことの全てを記述してゆく。その際には，当然，観察した事実に加えて，興味を持ったこと，感じたこと，ひらめいたこと

などもフィールドノート(Field-note)に記載してゆく。また、研究者が現地の人々の見方や考え方を直接尋ねることもあるだろう。あるいは、生活の中で生み出された品物や芸術作品などの分析からも、貴重なデータが得られるだろう。こうして蓄積した質的データを分類し、分析することによって、社会の全体像を徐々にとらえてゆくのである。ここには、応用言語学的な調査の欠点である単純化、脱文脈化、断片化に代わって、総合的、自然的、長期的調査方法が提示されている。

アクション・リサーチでは、数量的なデータばかりでなく、質的なデータも利用し、実践的なリサーチの展開を意図している。この章では、まず、第1節で観察によるデータの収集方法を説明し、第2節で言葉による収集法、第3節では、数量的データの意味を考察する。最後に第4節で、それぞれのデータを調査のどの場面で収集するかを、実践に言及しながら解説する。

1 観察による収集方法

外部から授業を観察をする時には、先入観にとらわれないフレッシュな目で、善し悪しの判断は一時保留して全体を観察し、そこから自分の問題意識と重なるポイントを発見したら、それに焦点を合わせて客観的に事実を記録するのが原則である。教師が授業中に行う観察も、基本的にはこの精神が大切である。すなわち、熱心に教えながらも、問題意識に関わる部分では冷静にクラスを観察する。また、授業を内側から見ているのだから、瞬間の印象や感想を記録するのにも意味がある。Burns(1999)は観察の留意点を次のように挙げている。

(1) 全てを記録しようとせずに、問題意識に関連する部分に焦点を絞って観察し、記録すること。

(2) 観察する場所を教室やグラウンドに固定すること。
(3) クラス全体を見るのか，特定のグループや個人（いわゆる「視点生」）を見るのかを定めること。
(4) できごとが起きた時点で，できるだけすばやく記述すること。
(5) 客観的な記述を心がけ，想像で書いたり，価値判断をしたりしないこと。
(6) 文脈の中で，できごと全体を記述すること。when, where, who, what, how を含むこと。
(7) 観察の場面にふさわしい記述のシステムを作ること。

Burns は，また，観察の手法として notes, diaries/journals, recording, transcriptions などを挙げている。その1つ1つを実践（第4章～6章）に言及しながら，手短に説明してゆく。

1-1 授業記録 (Field-note)

人類学者に field-note が欠かせないように，臨床医もまた，患者と面談や診察をしながら，必要な情報をカルテに記載してゆく。それと同様に，教師が授業を進めながら，観察された事実や気づいた点を自由に記載してゆくのが授業記録(field-note)である。別に定まった形式があるわけではない。見開きのノートの左ページに，日付，時間，クラス，授業内容の概略を書き，後は授業中に観察した事象の what, who, when, where, how を番号をふって書き込んでゆく。それについての自分の意見や感想は右ページに書き，事実と主観を分けて書く。次の時間には，また，新しく見開きの2ページを使うというやり方でもよい。事実の記録はできるだけ具体的に，生徒の言葉などもそのままの形で記述しておくと，後でまとめる時に説得力のある表現になる。

簡略化した方法としては，授業前に書いた指導計画の略案の脇に，生徒の言動や反応，教師のコメントなどを授業しながら書き込んでゆくものがある。次ページに紹介するのは，私の大学の一般教養の英作文の講義(90分)の授業記録である。

　英文が事前に用意した略案で，手書きの日本文は，教師の言動や授業中の学生の言動の記録である。左端のアルファベットはそれぞれの活動への学生の参加度を基準にした評価である。Cレベルは熱心に取り組んだ学生が約4〜5割の活動，Bは6〜7割，Aが8割以上，逆にDは3〜2割，Eは1割以下の参加率しかなかったことを表わしている。教師が瞬間的にクラスの様子を観察して判断するから，主観的ではあるが，授業を中断することなく全体的な様子を記録できる長所がある。最後の全体評価は，授業の目標に照らして，授業終了後できるだけ早い時間に記載する。毎授業で記録を取るのは大変なので，特定のクラスを定め，週に1〜2回程度は記録を取る。同じ手法が第4章(p.105)でも用いられているので参照されたい。

1-2　授業記録のグラフ化 (Time-log)

　授業記録をグラフ化したものが，Time-log である。ある特定の1時間を Time-log に直し，クラスの盛り上がりの度合いを見たり複数のクラスを比較することでも変化の度合いを視覚化することもできるが，実際は1時間の授業だと，学校行事や直前の授業の影響をもろに受けるので，授業記録が集積したころで，以前の2週間の平均と最近の2週間の平均を Time-log にして比較し，変化を視覚化することができ，より説得力のある資料となる。

　作成方法は，時間の流れに応じて展開する活動を横軸に取り，教師の評価を縦軸に取る。第4章(p.110)の Time-log は，クラス

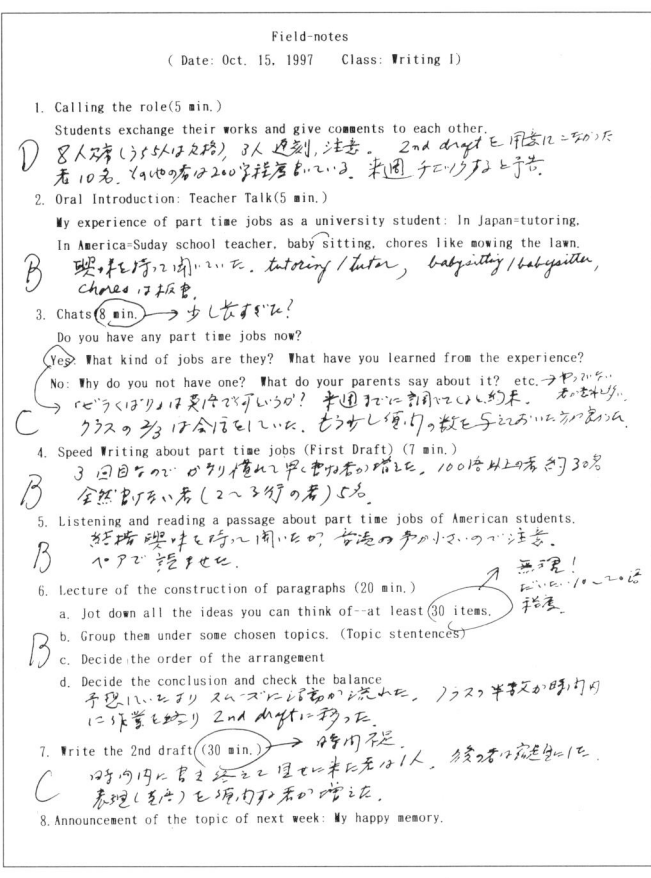

```
                        Field-notes
        ( Date: Oct. 15, 1997    Class: Writing I)

  1. Calling the role(5 min.)
      Students exchange their works and give comments to each other.
   D  8人欠席(うち5人は公務), 3人 遅刻, 注意。 2nd draftを用意してこなかった
      者 10名。 その他の者は200字程度書いている。 来週チェックすると予告。
  2. Oral Introduction: Teacher Talk(5 min.)
      My experience of part time jobs as a university student: In Japan=tutoring.
      In America=Suday school teacher, baby sitting, chores like mowing the lawn.
   B  興味を持って聞いていた。 tutoring/tutor, babysitting/babysitter,
      choresは板書。
  3. Chats (8 min.) → 少し長すぎた?
      Do you have any part time jobs now?
      Yes: What kind of jobs are they? What have you learned from the experience?
      No: Why do you not have one? What do your parents say about it? etc. さやかでない
   → ビラくばりは 度胸で押している? 半週までに 調べてこいと 約束。 その他より。
   C  クラスの 2/3 は会話をしていた。 もう少し質問の数を与えておいた方が良かった。
  4. Speed Writing about part time jobs (First Draft) (7 min.)
   B  3回目なので かなり慣れて早く書く者が増えた。 100語以上の者 約30名
      全然書けない者 (2〜3行の者) 5名。
  5. Listening and reading a passage about part time jobs of American students.
   B  然焙興味を持って聞いたが 音声の声が小さいので注意。
      ペアで話させた。
                                                            無理!
  6. Lecture of the construction of paragraphs (20 min.)           だいたい 10〜20位
      a. Jot down all the ideas you can think of--at least 30 items.   程度。
   B  b. Group them under some chosen topics. (Topic stentences)
      c. Decide the order of the arrangement
      d. Decide the conclusion and check the balance
      予想していたよりスムーズに授業が流れた。 クラスの半数が時間切れ
      に作業を終り 2nd draftに移った。
  7. Write the 2nd draft (30 min.) → 時間不足
   C  12ページ内に書き並えることで最後まで未完な者は1人。 残りは宿題にした。
      表現(言葉)を 頻切する者の増えた。
  8. Announcement of the topic of next week: My happy memory.
```

大学の一般教養英作文講義の授業記録

の変化を平均値を出して作成したものだが，4月には授業冒頭の
ゲームだけで盛り上がり，聞き取りでは参加度が低かったクラス
が，5月中頃にはリスニングにも積極的に取り組み始めた様子を
示している。また，同じく，124ページにある Time-log は，1
年間のリサーチの成果をグラフで示している。

1-3 観察シート

　設定した問題によっては、授業全体の記述より、特定の活動に注目する必要があることもある。「コミュニケーションの発話量を増やす」という問題をリサーチするなら、次のような観察シートがある。生徒の発言を日本語と英語、ドリル・学習とコミュニケーションに分類する。

クラス　月　日	日本語	英語
ドリル・学習		
コミュニケーション		

　教師は授業を観察しながら、生徒の発言のたびに、上のマスのいずれかに回数を記録してゆく。数か月ごとに表を比較することで、生徒の発話の量的・質的変化の様子を見ることができる。

　これをもっと簡略化して、生徒が英語をコミュニケーションの手段として使用した場合を「目標行動」(on-task behaviour)として、それが観察された回数のみを記載してゆくこともできる。これだと、調査としてはラフになるが、わざわざ授業をビデオに撮って分析しなくとも、授業しながら記録できるので手間が省ける。また、この方式を利用して、グループ活動の実態を知る資料を集めることもできる。事前に生徒に練習を与えて、望ましい行動、たとえば、英語で質問する、英語で答えるなどを理解させてから、グループ活動の中で、自分の on-task behaviour の数を記載させ、それを無記名でグループごとに集計して報告させれば、グループ内の活動の様子もより詳しく知ることができる。逆に、英語で話す活動を与えている時に日本語で話したり、英語を話そうとしないなどの off-task behaviour の数も、同様の手法で調

べることも可能である（Wallace, 1998 : 113-7）。

1-4　日誌や感想文 (Diary and Journal)

　Field-note よりもっと教師の主観が出る資料だが，その時点での教師の思いや自己との対話が，次の仮説や実践計画を練る時に役立つ。具体的には，授業直後の感想を教師が素直に書いたのが Diary（日誌）である。だから，先に紹介した授業記録の全体評価のコメントもこれにあたるし，第4章で紹介されている授業記録（p.105, 109, 127）もそれにあたる。もちろん，授業直後でなくとも，1週間の終わりにまとめてその週の感想を書くこともあるし，より長い日記のものもある。ただ，Diary はあくまでも自分用のメモだから，生徒の個人名も出てくるだろうし，また，他人にはわからない記号や表現も出てくるだろう。そこで，ある程度まとまった時点で，文章表現も整理し，プライバシーに関わる表記などに配慮したものが Journal（感想文）である。1週間から1か月をメドにして，定期的に仲間と交換すると，相互理解に役立つばかりでなく，互いに有益なヒントが得られる。この意味でもアクション・リサーチは，同じ問題意識を持っているグループで推進することが望ましい。

1-5　ビデオによる撮影

　ビデオは授業の全体を資料として保存するにはよい方法である。第6章の研究では，同僚教師の協力を得て，アクション・リサーチを実施した1学期間の全授業をビデオに撮り，そこから問題に対する回答を発見していった。研究者がビデオを使用した理由は，まず，この研究は修士論文にまとめるためだったから，授業評価

を1人ではなく，同僚と行うことによって信頼性を高めたかったこと，また，ALTなどのインタビュー・テストを実施するので，生徒にビデオに慣れさせておく必要があったこと，撮ったビデオは生徒へのフィードバックにも使えることなどである。特に重要な点は，現役の教師と比べると調査に割ける時間が確保しやすく，ビデオを見直して分析できたこと，しかも，受講者が最大で12名という少人数だったから，個々の生徒の実態を正確に把握できたことが大きな理由である。だから，これは極めて恵まれた環境だったと言える。

逆に言えば，時間も，同僚の協力もなく，多人数のクラスを対象にする時には，ビデオを利用した資料収集は難しい。撮ったビデオをもう1度見直すだけでも，時間とエネルギーが必要である。そうした状況では，ビデオの利用は1～2か月に1回と限定し，しかも，特定の問題に焦点化して分析した方が効率的である。また，ビデオは，カメラの位置や方向である程度は価値判断がすでに入り込んだ資料とも言える。逆に，授業者が「ここでは，この視点からここを撮ってほしい」という要望があれば，事前に打ち合わせておく必要がある。また，ビデオではなく，音声テープの録音のほうが生徒への心理的負担が少なくてすむ，という指摘もある。だが，ビデオでも音声が聞き取れずに，解釈に苦しむことがあるので，映像のない音声では，クラス全体の様子をとらえるのはいっそう難しい。ただし，インタビューや対話練習を個々に録音させる時には音声テープも役立つ。

1-6 転写 (transcription)

ビデオやテープで録音したものを文字に書き起こす作業を言う。これをすることで，ビデオを見ていた時には見落としていた微妙

な問題を発見することがある。しかし，授業全体を文字化するには非常に多くの時間がかかるので，重要なポイントだけを筆写するのが普通である。第6章でも，何回かtranscriptionで資料を示しているが，codingの際の約束ごととして，次のような記号が普通用いられる（Burns, 1999 : 99）。

[ ]　　重なり合って話している場合
…　　　ポーズがある場合
( )　　状況を説明している場合
(( ))　　明確でない場合
((?))　　聞こえない場合

1-7　写真や絵

　文字で説明するより，写真やイラストで様子を伝えたほうが読み手に実態が伝わる場合もある。クラスの座席や，教師や生徒の移動，黒板や教材の使用などである。あるいは，耳慣れない活動で読者に内容が伝わらない場合など，写真で説明するとわかりやすい。第4章では，「クリスクロス・ゲーム」が説明されているが，写真の添付でより明瞭になっている（p.103）。また，リスニング活動での黒板の使用（p.112）もしかりである。第6章では，いくつかのコミュニケーション活動が使用されているが，活動に使用したカード類も収録されているので，誰もが活動を容易に再現することが可能である。

　ビデオなどを発表に使用する予定がある時は，どの場面はどこに焦点をあててほしいか，事前に打ち合わせしておくことが必要である。

＊

以上，観察を用いて資料を収集する方法を紹介してきた。他に

も，sociogramといって，教室内の人間関係を調査する方法もあるが，これはよく知られているので説明は省略した。

2 言葉による収集方法

人類学者が新しい社会の言語を習得すれば，そこに住む人々に彼らの考え方や感じ方，社会のしくみや習慣などについて，さまざまな質問をするだろう。医師もまた，患者の現在の病ばかりでなく，病歴や生活の様子について質問し，問題点を理解しようとする。同じように，教師もまた，生徒に質問をすることによって，彼等の欲求や内面をより深く理解しようとする。観察が外からの判断だったのに対して，この調査は，生徒の質問に対する回答を分析することによって，外からは見えない内面を理解しようとするのである。質問対象は教室全員の場合も，グループの場合も，個人の場合もある。仲介となるのが言葉であるだけに，良好な人間関係のなかで，誤解を生まないよう，慎重に実施しなければならない。

その一方で，この手法は，調査のデータ集めばかりでなく，一種の言語活動としても利用されている。なぜならば，これまでの学習体験をふり返り，勉強方法についての意見交換は，言語学習の場にふさわしい活動であり，Communicative Language Teachingで主張する，現実的な言語使用となるからである。調査手法には，アンケート，インタビュー，生徒の自己報告や体験報告，また作品などがある。

2-1 アンケート (questionnaire)

調査者が知りたい項目を事前に整理して質問事項を作成し，書

類に回答してもらうことによって，全体の傾向をつかもうとする手法である。1度に大ぜいを調査でき，しかも書かれた形で結果が出てくるので処理もしやすく有効な方法だが，作成に当たっては，次の注意が必要である。

(1) 全体の傾向を知るための調査だから，無記名が原則である。回答者が特定される質問は避ける。それを嫌って，正直に回答しない可能性があるし，また，プライバシーの問題もある。

(2) 調査目的をしっかりと認識し，目的に合致した項目のみを選ぶ。設問の数を整理すると同時に，内容も誘導尋問にならないよう注意する。また，調査に先立ち，意図を正しく伝達する。

(3) 平易で誤解のない表現をする。1つの設問には1つの質問事項しか含まないようにする。

(4) 回答しやすいように，二者択一問題，複数の選択肢から選ぶ問題，open-ended な問題と，調査目的に応じて作成する。

(5) 実施する前に，別のグループで予備的調査をし，調査項目は十分か，誤解を生む表現はないか，プライバシーの侵害になる項目はないか，などを事前にチェックすることも大切である。

この手法は不特定の人を対象に容易に調査できるので，共同研究でのアクション・リサーチではよく用いられる。第5章では，観察や作品の他に，この手法によって内面的変化を探り，リサーチの効果を判定しようとしている。1つの手法に依存して結論に導くのは危険だから，資料は多面的に収集しなければならない。

コミュニケーション活動にアンケートを活用する例として，学習形態の好みに rank order をつけさせ，それをもとにして仲間と話し合わせ，それぞれの長短を理解させる手法がある（Burns, 1999 : 131）。

▶ How do you prefer to learn?　Please number the following in the order you prefer.（1＝the best; 5＝the worst）
- Alone　　　　　　　　　　　　（　）
- In pairs　　　　　　　　　　　（　）
- In small groups of 3-4 people　（　）
- In large groups of 6-8 people　（　）
- As part of a whole class　　　　（　）

あるいは，"What do you think about group activities?　Do you like them or not?　Why?" などの open-ended な質問をして生徒に自由に英作文をさせ，結果を調査に利用することもできる。厳密な調査の場合は，無記名でかつ日本語で実施したほうが正確な情報が得られるが，英語の言語活動として行うことによって，生徒に学習方法についての意識を高めることができるし，英語力の伸びにつなげることもできる。また，オープンな感じも出るので，内容によっては生徒の氏名を書かせてもよい。いずれの場合も，アンケートを実施したらその結果の概略を生徒に知らせる。それによって，生徒の意見を尊重していることが伝わり，学習意欲の向上につながることが多い。

2-2　インタビュー (Interview)

　スピーキング・テストなどの場合は別にして，アクション・リサーチで大人数を対象にインタビューを実施することは，実際は難しい。まず，非常に時間がかかる。また，教師対生徒という関係の中で，教師の意図に反する感想や意見を素直に話してくれることを期待するのは無理がある。いきおい，人数を絞らざるを得ないが，そうすると該当の生徒が特別扱いされることになり，当

人はもちろん，周囲への影響もある。だから，インタビューを実施する時には，その目的が生徒や保護者に誤解を生まないよう，慎重な配慮が必要である。また，質問するテーマも限られる。

このような制限を承知の上で実施すれば，アンケートよりもより深みのある情報が得られる。実施方法としては，前もって定めた質問項目を定まった順序で，しかも同じ時間をかけて行う場合と，質問項目のポイントは決めておくが，順序や時間は制限を定めず，より深い情報を得るやり方と，質問のテーマだけは定めておいて，自由にインタビューする方法がある。いずれも一長一短があるので適切に利用することが大切である。

こうした時間のかかるインビュー調査より，授業の直後とか，放課後とかのちょっとした時間に，数人の生徒に質問の焦点を絞りながらも，様子としては気軽に，世間話のように行う informal interview が実際には価値がある。ただ，その前提には，授業を離れたら生徒と気軽に言葉を交わせる友好的な人間関係が必要である。また，こうした言葉かけによって，生徒の気持ちをくみ取り，親近感を強めることも意図すべきである。

コミュニケーション活動としてインタビュー形式を利用する例としては，ディスカッションのテーマに「こんな場合にどんな感じがしたか」とヒントを与えて話し合わせる(Burns, 1999 : 128)ものがある。

- when you got things wrong
- when you finished your work quickly
- when you couldn't understand
- when someone else asked you to help
- when there was no-one to ask
- about being in this class

このような活動を通じて，生徒は助け合って学習する大切さを理解する。結果を数値化することは難しいが，ディスカッションを観察することで，生徒の実態を理解する役割も果たす。

2-3　生徒の自己報告 (Self-report)

　心の中に起きていることは，結局は当人にしかわからない。もちろん，全てを意識しているわけではないから，結果の扱いは慎重でなければならないが，他の手段と結びつけることによって，かなり正確に心や頭の中に起きていることをとらえることができる。たとえば，英語を話すことを嫌うクラスへの対策を考えるための自己報告の手法を紹介しよう。

　まず，ごく平易な，少なくともクラスの半数の生徒が参加できる話す活動を与え，LL教室で自分の英語を録音させ，終了したらそれを聞かせる。もちろん，参加しない生徒もいるだろうが，そうした生徒はさしあたり無視して，全員が参加しているかのように調査を進める。自分の録音を聞いた後で，今の活動は難しかったか，どこに一番困難を感じたか，どのような支援が欲しかったか，また，どうすれば，より参加できるか，などの項目を無記名のアンケートで調査し，実態の把握に努める。漠然と，「あなたは英語を話すのは苦手ですか。それはなぜですか」と質問するより，具体的で意味のある情報が得られる。

　また，こうした調査では，教師の意図とは逆の，ネガティブな結果が出ることもある。その場合は，データから前向きの意見を見つけ出すとともに，マイナスのコメントも逆に利用する。たとえば，「単語を知らないから，話す気持ちになれない」というコメントがあったら，「調査でこのようなコメントがあった。確かに単語を知らなければ話せないから，まず，必要最低限の単語や

表現を練習してから話す活動をすることにしよう」というようにまとめるのである。

　Self-report の手法でよく用いられるものに、Think-aloud がある。活動しながら、考えつくことを直接話させて録音し、後で分析して生徒の思考過程を知ろうとする調査方法である。研究では読解のプロセスやストラテジーの調査に使用される手法だが、教室での応用を考えるなら、和文英訳の英文を各自に訂正させ、なぜそれを訂正したかを録音させておく。その後、教師がスタンダード版の訂正と、訂正の理由を話し、それと生徒の録音を比較させ、考えの不足していた点に気づかせる。その後、生徒に活動から学んだことや感想を書かせ、それを読んで実態の把握に努める。読解についても、読解チェックの選択肢の中で、なぜその項目を選んだかを録音させると、正解を選んではいるが、内容理解はできていなかったとか、ほぼ正確に理解しているのに、誤答を選択したことなどに気づく。こうした調査によって、生徒の誤りの原因を発見し、指導法やワークシートの改善の参考にする。

　生徒の自己評価も、一種の Self-report である。成績評価に用いるよりは、生徒の活動の様子を教師が理解し、適切な指導法や活動を考える資料として利用すべきである。また、生徒に「学習日誌」をつけさせ、不安や要望、学習の進歩をモニターさせて時々、教師が目を通すことによって、個々の生徒の問題点だけでなく、授業の問題点も知ることができる。特別なノートでなくとも、通常のノートに書き込む場を設けてもよい。ただ、生徒は教師が読むことを知っているから、都合の悪いことは書かないかもしれない。情報もそのように理解することが必要ではある。

2-4 経歴調査 (Life and career histories)

　これまでの英語学習の様子を知ることも大切である。たとえば，大学の教養英語では，中学や高校の授業の様子で学生の能力に差があるので，それを正確に把握することは，授業計画を立てる上で意味がある。通常，アンケートを実施して全体的な調査をするが，スピーキングのクラスは人数が少ないこともあり，インタビューで行う場合もある。その時に役立つ "Do's and Don'ts" は以下の通り（Burns, 1999 : 136-7）。

- Do make an interview checklist (containing essential biographical and career details).
- Do be friendly and reassuring.
- Do be clear.
- Do show interest.
- Do use questionnaires flexibly and imaginatively.
- Don't talk too much.
- Don't interrupt.
- Don't impose your views.
- Don't contradict or argue.
- Don't rush away as soon as the interview is over.

この姿勢は，インタビュー全てに通じるし，アクション・リサーチの基本的な姿勢とも一致している。

2-5 生徒の作品など (Documents)

　授業に関わるあらゆる書かれた資料を指す。生徒のworksheet，

授業のテスト問題と成績，標準テスト，生徒の日誌や作品などばかりでなく，教師の指導案，教科書，カリキュラムなども含まれる。生徒から欲しい資料を集める方法として，リサーチの話題について，教師に手紙を書いてもらうという方法もある。手紙はパーソナルな感じがするから，生徒も比較的自由に書く。これまで説明してきた資料の補助として有効である。生徒も授業改善のアドバイスを教師が個人的に求めているとなると，一生懸命書いてくれることが多い。

　また，その中で，授業を何かにたとえて考えさせるのも興味深い。第1章で，「この授業はまるで～のようだ」とたとえる例を紹介したが，生徒が今の自分をどのように感じているか，クラスや教師をどう感じているか，そのたとえによって知ることも可能だからである。

　ただ，言葉による資料は収集はしたものの，それをどのように整理し，まとめたらよいかわからないという人が多い。次の項ではその方法を説明する。

2-6　言葉による資料の整理方法

　生徒の意見を自由に書かせた場合は，無理に数量化しないで，全体を素直に何回か読み，そこから浮かび出てくるパターンを見つけだすのも1つの方法である。偏見にとらわれず，全体を素直に読むことによって，一定の方向や意見の固まりが見えてくるものである。主たる意見だけでなく，少数派の意見にも注意を払う必要がある。一見，矛盾している両者が，基底では通じ合うことを発見することもある。限定された問題意識で資料を収集している場合は，その部分だけを分類すればよい。より幅広く全体像をとらえたいなら，第7章で紹介するKJ法を用いて，コメントの

要点をカードに書き出し,グループに分類して整理する。もっと体系的に資料を整理したいという人には,次の手順(深田,1994/96)が参考になる。

(1) まず,データを集めたら,記述された文を全てワープロで入力し,1枚のシートにディスプレイする。
(2) データを通読し,問題意識に照らして,解釈,分類するための概念の枠組みとカテゴリーを準備する。この設定にあたっては,文献研究も参考にする。
(3) 1人1人のコメントに(2)で定めたカテゴリーをつけてゆく。研究テーマから外れるものは除外したり,カテゴリーに当てはまらないものは"Others"に分類し,後で再び考察する。
(4) 同じカテゴリーのものを集め,数を整理する。それをもとに検討し,分析結果を出す。
(5) 第3者にもディスプレイを見てもらい,自分の発見の妥当性と信頼性をチェックする。
(6) それに基づき,議論を展開し,結論を出す。

*

以上,質的資料を収集する方法としては,観察による方法と,言葉による調査の2種類があると説明し,後者については,その整理法にも言及してきた。実際は,まだ他にもたくさん資料の収集方法はあるだろうし,こうした2分割ではとらえきれない手法もあるだろう。要は,教師は多様な手法で複数の資料を集め,1種類の資料だけから議論するのではなく,2種類,3種類の資料から多様な分析を試みる「三角測定」(triangulation)で結論にせまるべきである。Van Lier(1988:13)はそれを次のように説明している。

Many researchers advocate the use of triangulation, that

is, the inspection of different kinds of data, different methods, and a variety of research tools.

（多くの研究者が「三角測定」を主張しているが，それはいろいろな種類のデータを集め，いろいろな方法を用い，いろいろな調査の道具を利用して考察するということである。）

資料収集の手法を変えて，多様なデータを集めるばかりでなく，それを多様な角度から，複数の目で分析することによって，主観的だと批判されている質的資料も，信頼性と妥当性を増すという指摘である。授業研究としてのアクション・リサーチでも可能な限り triangulation に努め，より正確なリサーチを心がけなければならない。

3 数量的資料の意味

観察やアンケートなどの質的データも，結果を数値にまとめることはできるのだが，ここでいう数量的な資料とは，100点満点のテストなどで使用される，通常 interval scales と呼ばれる数を指す。この場合の数は，多い方が成績が良いことを示すばかりでなく，数の差がそのまま成績の差を表わすから，主観的な解釈が入り込む余地がない。したがって，客観的で，信頼性があり，再実験で検証がしやすい。アクション・リサーチも，可能な限り，数量的な資料を取り入れるべきである。そうすることで，調査に客観性が生まれ，説得力も出る。

ここでは授業研究で多く利用される，試験での成績と授業分析の2種類を説明する。

3-1 テスト結果

　素朴に考えれば，ある指導法が良いか悪いかは，生徒のテストの成績で判断できるように思える。ある指導法で多くの生徒が高得点を取れば，その指導法は効果的だったと言えそうである。しかし，厳密な応用言語学の調査として考えると，結論はそう簡単には出ない。なぜなら，まず，使用されたテストが妥当で信頼できるかという問題がある。もし，テストに問題がないとしても，テスト結果が本当に指導法のせいなのか，教えた教師の魅力によるものか，それとも他の外部要因によるものかが明確ではない。そこで，別のグループを作って統制群とし，同じ教師が統制群には従来の指導法で教え，実験群には新しい指導法を試みて同一のテストを課し，その結果を比較する。それでも，実験群の平均点が高かったとする。しかし，これでもまだ，指導法の効果を主張できないのである。なぜなら，もともと実験群が優秀だったのかもしれないし，また，他の影響（他の英語授業，塾，進路，勉強意欲などの影響）が反映したかもしれないからである。

　そこで今度は，指導を与える前に，両方のグループが同じ英語力であることを証明するために，事前テストで確認する。と同時に，その他の要因も均一になるようコントロールする。その上で，同じ時間をかけて新旧2つの指導法を実践し，実験群と統制群の平均点を比較する。やはり，実験群の方が統制群より良かったとする。では，今度こそ，新指導法の効果が証明できたかというと，実は，まだなのである。一体，何が不足なのだろうか。

　理由は，テストのできには波があるから，結果が偶然によって生じた可能性があるからである。だから，偶然ではないことを統計的に証明できなければ，すなわち，2つの成績に偶然では説明できないだけの有意な差がなければ，新指導法に効果があったと

断言はできないのである。

　実は,上の説明も本当は正確ではない。理屈で言えば,新指導法が本当に有効ならば,この指導を受けたグループは常に成績が良いはずで,したがって,統制群とは明らかに異なる集団を構成するはずである。今,たまたま手元にある2つの成績は,2つの母集団からのサンプルにすぎないのだが,サンプルの属する母集団が異なることを証明できれば,新指導法の効果は断言できるはずである。その証明が「検定」なのである。検定に必要な数値は,集団の平均値と,平均値に対してどのような散らばり方をしているかを示す標準偏差である。平均値と標準偏差から,それぞれの母集団が異なるか否かを計算する。この点は,第7章で説明するが,清川英男著『英語教育研究入門——データに基づく研究の進め方』(大修館書店)に,詳しく説明されているので,興味のある人は参照されたい。

　母集団に関連して,もう少し,つっこんで実験群と統制群の関係を考えてみよう。もし,探ろうとしている問題が「日本人の中学生に効果的な指導法の探究」ということであれば,同じ学校の2クラスを実践群と統制群にふり分けるのは,論理的にはおかしい。というのは,母集団が「日本の中学生」であれば,本来は日本中の中学生から無作為にサンプルを選ぶのが本筋である。ある特定の学校の特定のクラスを,中学生全体の母集団から無作為に抽出した生徒だと想定するのには無理がある。だが,そこまで徹底すると調査は到底無理なので,実際は「中学生の能力や特性に大きな差はないはずだ」という前提に立って,実験を行うのである。ということは,厳密な手続きを踏んで行われているはずの応用言語学の実験結果も,実は決して完全無欠ではないのである。

　一方,アクション・リサーチでも,実践結果を見る資料の1つとして,試験成績がよく利用される。ただ,この場合は,統制群

との比較で指導法の効果を証明したり，否定したりするものではない。同じグループの伸びを確認するためだから，有意差の検定も変化が偶然に生じたものでないことを知るためだけで十分で，当然，計算方法も異なる。第4章でも第6章でも，ともに，事前と事後に同じような試験を与えて成績の変化を調べ，リサーチの成果を見る資料の1つとしているが，その趣旨は応用言語学の場合とは大きく異なるのである。

3-2 授業分析

　教師や生徒の教室での言動をFLINT やCOLTシステム（第7章参照）で分析することによって，授業の特徴を数量的にとらえることができる。たとえば，教師の発言の占める時間の割合と生徒が主体的に活動している時間を比較すれば，授業が教師主導か生徒中心かが見えてくる。

　次ページに紹介する図は，横浜国立大学の4年生が，教育実習の期間の最初の授業と，3週間後の最後の授業をビデオに撮り，それをFLINTシステムのカテゴリーで記号化し，同じ記号の頻度をグラフにしたものである。最初の授業では，カテゴリー5（教師による説明・講義），5m（発音，文型練習のモデルを与える），5p（教師自身のことを話す），8a（クラスまたはグループで一斉に応答）が，非常に多い。これは，完全に教師主導の講義形式の授業だったことを示している。ところが，最後の授業では，カテゴリー11（授業に直結した混乱；熱心なあまり，多数の生徒が一斉に発言したりする）がずば抜けて多い。これは，生徒中心のグループ活動が主体の授業に変化してきていることを示している。

　実は，教えたレッスンが異なるので，このグラフの比較はそれ

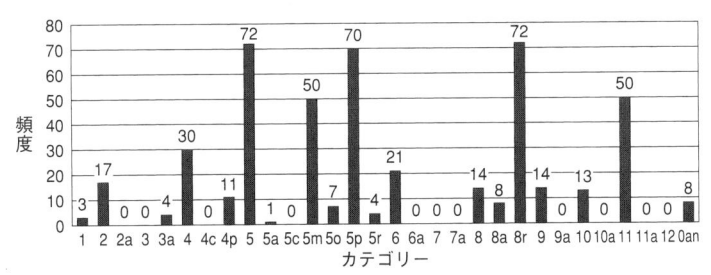

最初の授業のカテゴリー頻度

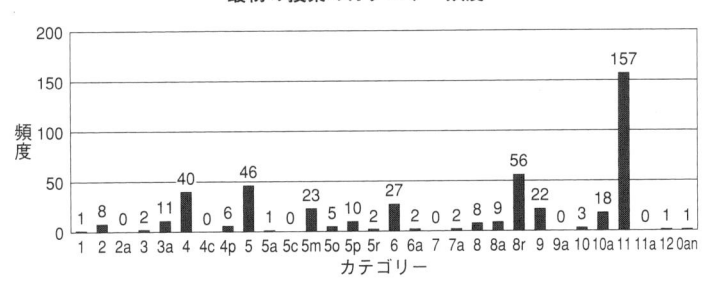

カテゴリー別頻度：
1:3, 2:17, 2a:0, 3:0, 3a:4, 4:30, 4c:0, 4p:11, 5:72, 5a:0, 5c:1, 5m:50, 5o:0, 5p:70, 5r:7, 6:4, 6a:21, 7:0, 7a:0, 8:14, 8a:8, 8r:72, 9:0, 9a:0, 10:14, 10a:13, 11:50, 11a:0, 12:0, 0an:8

最後の授業のカテゴリー頻度

カテゴリー別頻度：
1:1, 2:8, 2a:0, 3:2, 3a:11, 4:40, 4c:0, 4p:6, 5:46, 5a:1, 5c:0, 5m:23, 5o:5, 5p:10, 5r:2, 6:27, 6a:2, 7:0, 7a:2, 8:8, 8a:9, 8r:56, 9:0, 9a:3, 10:10, 10a:18, 11:157, 11a:0, 12:1, 0an:1

ほど意味はないのだが，カテゴリーを用いて数量化することによって，授業の特徴が見えることは理解できただろう。では，この手法を授業改善に役立てることができるか。

実際は，かなりの苦労である。理由は，まず授業をビデオ撮りして，そこから行動を記号に直し，それを集計して全体像をつかもうとするには，非常に時間と労力を必要とするからである。そこで，もっと簡便な Observation scheme を用いて，授業分析が行われることがある。

〈使用される記号〉

TL: Teacher lectures **TQ:** Teacher questions
TR: Teacher responds **PR:** Pupils respond
PV: Pupils volunteer **S:** Silence
X: Unclassifiable

こうした記号を用いて，同僚の授業の一部を，3秒ないし5秒おきに記入してゆく。すると，言語交渉の代表的なパタンが見えてくる。下の**表1**では説明の後で教師が質問し，生徒が答えるワン・パタンだが，**表2**では，教師が応対を控えた時に，生徒の自主的発言が生まれている（Richards and Lockhart, 1994：150）。

表1

TL	/	/			/	/				
TQ			/				/			
TR				/						
PR								/		
PV										
S										
X										

表2

TL	/																			
TQ		/																		
TR			/		/				/						/					
PR				/		/	/	/		/	/	/	/	/		/	/	/	/	/
PV																				
S																				
X																				

　数量的な資料はグラフ化しやすく，説得力もあるので，可能な限り集めることが望ましい。しかし，注意も必要である。1つは数量的資料の客観性は，一般に信じられているほど高くはない。たとえば，スピーキング能力の測定を考えてみよう。まず，どのような尺度で計るかが問題になる。言語的正確さを重視する教師は，文法や構文に大きな配点をするだろう。一方，流暢さこそ大切と考える教師は，流暢さに大きく配点する。すると，いずれの尺度で計るかによって，同じ能力も異なる成績になるのである。

そこで、これを防ぐために、ACTFLのように標準化された尺度を用いたとしよう。しかし、これにも問題がある。インタビュー・テストなのか、絵を説明する形式なのかによって、スピーキング能力は異なって現れるのである。また、インタビュアーによっても変化する。したがって、客観的に見えるテストの成績も、背後には主観があり、また、状況に左右されるのである。

2つ目の注意は、生徒の言動を数的資料として収集しようとすると、いきおい「評価のための授業」になることである。たとえば、「積極的な態度」を見るために、挙手した数を座席表に書き込むとしよう。まず、調べるのにエネルギーが取られ、教えることに集中できなくなる。また、挙手はしないが積極的に考えているという生徒が見えてこない。さらに、「評価されている」という意識を生徒に与え、迎合したり、逆に反抗的な態度を生む。結局、肝心の授業が疎かになり、アクション・リサーチの根底が崩れてしまう。日々変わる教室の実態は質的調査でとらえ、数量的資料の収集は、時と場所を選んで実施した方が実際的である。

では、このような収集方法をどのように利用して、アクション・リサーチを行うのだろうか。この点を次に説明する。

4 資料収集の場面

アクション・リサーチに利用する資料収集の方法を説明してきたが、いつ、どの段階で使用するのか。実際は、それはリサーチする問題にかかっていて、具体例がないとくわしい説明ができない。そこで、私が大学の教養クラスのライティングの授業で実施したリサーチを例に、第2章で説明した枠組みに沿って説明する。

4-1 問題の確定 (Problem Identification)

(1) 漠然としたリサーチの方向を定める。

問題の確定には，次の設問が参考になる (Burns, 1999:54)。

① What is happening in my classroom that I am concerned about?

② What makes me concerned about this issue?

あるいは，また，次のような設問も考えられる。

③ I would like to improve the....

④ I am perplexed by.... What can I do to change the situation?

⑤ I have an idea I would like to try out in my class.

この時点での私の問題意識は，次のようなものだった。

「ライティングの授業がうまくいかない。学生が50人もいて，勉強意欲もない。教える側の目標も，漠然としていて，1年後に何ができるようにしたいかが見えていない。学生も教官もやってよかったと思える授業方法や教材を見つけたい。」

(2) 問題の絞り込み

自分の経験，学生の能力や意欲，リサーチの期間，負担の重さなどを考慮して，疑問を実現可能なレベルまで焦点化する。この際，自力では改善が望めない大問題（例：入試問題の改善），攻略方法の見えない複雑な問題（例：ノイローゼ気味の学生への対応），学生や自分には興味も利益もない問題（例：和文英訳の上達法），学問的好奇心をそそられない問題（例：パタン・プラクティスは役立つか）などは除外する。ただし，大きな問題でも，到達までの small steps が想定できれば含めてよい。結局，自分の「観察」「授業記録」，以前の学生の「作品」「答案」などを通

じて，実現可能な問題に絞る。私の場合は，過去の失敗を踏まえて，次のように考えた。

「これまでの和文英訳，短い英文の暗記，パラグラフの構成の意識化などの指導は全て失敗だった。それは，あまりにも『学習』に偏っていて，『英語を使う』楽しみが不足していたからではなかろうか。学生は受験勉強で，文法や語彙はある程度は知っているはずである。それを活性化してライティングに結びつけられないだろうか。」

4-2 予備的調査 (Preliminary Investigation)

登山ならば，登り始める前に，まず，自分の立っている位置を確認し，頂上までのルートを想定する。また，途中に設営するキャンプの位置，すなわち，中間ゴールを設定するだろう。予備調査を実施するのも同じ目的である。次のような手法を利用した。

(1) **経歴調査**：中・高校での英語授業の様子と成績，自由英作文はあったか，4技能の難易度のランクづけ，国語で書くことが好きか，読書は好きかなどをアンケート調査で尋ねた。

(2) **勉強方法の調査**(Strategy Inventory)：好みの勉強スタイルを調査した。Oxfordが作成した既成のものを利用した。

(3) **ライティングの事前テスト**：40分の時間を与え，「最近した旅行」というタイトルで，できるだけたくさん英文を書くように指示した。辞書の使用可。

(4) **テストを受けている時の観察**：少し考えてから，すぐに英語で書き出した者はごく少数。大部分の学生は，まるで，幽霊でも見るかのように白紙を凝視するだけ。あるいは，日本語で書いて，それを英訳する者もいた。

(5) **テスト後の自己報告**：書くことのどこが難しかったかを自由

に日本語で書かせた。授業への期待も書かせた。

　予備調査の結果をまず学生の作文から見てみると，平均の語数は133語，1文の長さは7〜8語，しかも，その半数に文法の誤りがあるという惨めな結果であった。また，アンケート調査からは，高校英語の成績と書く能力は，流暢さだけでなく正確さにも関係がないこと，4分の3の学生がライティングを嫌っていること，高校で自由英作文の経験を1度でもした者は1割に満たないこと，書けないのは，英語が出ないばかりでなく，何を書いたらよいかわからないこと，にもかかわらず，6割の学生が英語を使えるようになりたい，話せるようになりたいと希望していることもわかった。さらにOxfordのストラテジーの調査用紙から，比較的流暢な者は，言語知識がないと補う方策を使用するのに対して，流暢さに欠ける者は，「知らなければ書けない」という姿勢が強いこと，間違いを強く怖れていることなどが判明した。

　予備調査には，実態を正確に把握する他に，リサーチの方向を定めるという仕事がある。そこで，文献研究で現在のライティングの指導方向を探った。その結果，ライティングの指導の流れの大筋をつかんだ。すなわち，パタン・プラクティスのような文を正確に再現する練習から，パラグラフ中心の指導に移行した。だが，パラグラフの構成を押しつけると，文を書く苦労の上に談話の配慮までしなければならず，自由な思考を止めてしまう。そこで，まずは自由な発想で，思うことをどんどん書かせ，それを仲間と協力して書き直すプロセス・ライティングの手法が注目されている。ただ，これもいき過ぎると，実験レポートまで感想文のように書いてしまう欠点がある。また，読むことが書く力を伸ばす上で効果があることなども判明した。以上の予備調査の結果，さしあたり目標を，次のような仮説とした。

4-3　仮説の設定 (Hypothesis)

「1年後には，クラスの半数が40分で200語程度のまとまりのある英文が書けることを目指す。前期では流暢さを求めて，大量に話したり，読ませたり，書かせたりする活動を与えて，積極的に，かつ，すばやく文章が書けるようにする。」

4-4　計画の実践 (Plan Intervention)

仮説を具体的な指導法に変えるのがこの段階である。したがって，流暢さを高める手段としては，

(1) 授業の冒頭の warm-up で，教師が今日のライティングのテーマ（例：アルバイト）について話し，その後，学生同士で同じテーマで会話するようなフレームを与えて，会話をさせる。

(2) 5～7分と時間を決めて，そのテーマについて，できるだけ多くの語を使って作文するように指示する。終了後，毎時間，書けた語の数を数えてノートに書き出させておく。

(3) アメリカの大学生のアルバイトを扱った英文を，テープを聞きながら読ませ，自分のライティングに使用したい語句に印をつけさせる。

(4) 書きたいことを頭の中でまとめるかノートに単語で書き出させ，30分で first draft を書かせる。手を止めずに書き続けるよう指導する。

(5) ノートを交換して，互いに内容についてのコメント，特に，面白い点，もっと知りたい点に焦点を当てて意見交換をする。

(6) それを参考にして，自宅で second draft を書くことが宿題。

という手順で授業(90分)を進めた。その間，教師が使用した資料

収集の方法は,
(1) Field-notes：授業の流れを見て，活動が意図したように進んでいるかを調べ，結果を次の授業に生かした。
(2) Journal：2か月に1度，自分のfield-noteや学生の作品を見て，生徒の進歩の度合いや，授業への反省をした。意図した点は，学生の「書くこと＝和文英訳」という既成概念の打破することと，励まし合いながら書くムード作りである。そのため，途中から必ず，ムード作りの活動やパラグラフの作り方などの説明も加えた。
(3) 学生の作品と日誌：学生のノートには，first draft, second draft, 時にはthird draftの他に，それぞれの学生の相互評価のコメント，および，学生自身の日誌ふうのコメントがある。それを時々集めて読み，コメントを与え，英文の訂正も1学期に1回は当たるようにした。
(4) 自己報告：学生には時々，授業で別紙に作品を書かせ，自己評価させ，かつ，進歩をモニターして感想を書かせた。

4-5 結果の検証 (Outcome)

前期テストと重ねて，事前テストと同じトピックで，40分の時間を与えて自由に書かせ，結果は数量的に処理した。また，無記名のアンケートで，これまでの授業の感想，自分のライティングの力の伸び，また，後期の授業への要望を調査した。
(1) 事後テスト：語数は平均で206語だから，約2倍になった。1文の長さも，9～10語に伸び，文法的な正確さも若干伸びた。当初の仮説は，半ば達成された。
(2) アンケート：ライティングを嫌う学生が半分に減った。逆に，もっと多様なテーマに挑戦したいという要望と，文法の

誤りを頻繁に訂正してほしいという要望が強かった。
(3) リスニング，リーディングで使用した教科書の文章が長すぎるという批判があった。

　以上の結果や学生のノートに書かれた日誌，自己報告から，次のアクション・リサーチのテーマを構想した。要点は，これまで通り，流暢さを重視した指導を行うが，もっと多様なテーマの短いモデル文を用意し，文法や談話の構造についての指導も組織的に行うことにしたということである。

　以上が，自分のリサーチで実施した資料収集である。要は，リサーチに必要な資料を，多角的に収集して実態や問題点を把握し，指導に役立てるということである。

　（このリサーチに興味のある方は下記の論文を参照して下さい。『日英英語教育学会紀要1号』*JABAET Journal* No.1: Action Research in Writing Class: How to Develop Writing Proficiency in Japanese University Students. [〒277-8686　柏市光ヶ丘2-1-1　麗澤大学 中道嘉彦研究室　Fax : 0471-73-3060])

*

　アクション・リサーチに使用される質的データの収集方法と，数量的なデータの意味を説明してきた。アクション・リサーチでは，授業の進行状況を見るプロセスの検討では質的データに依存する部分が多いが，リサーチの出だしで実態を探る場合や，また，リサーチの結果をまとめる段階では，できるだけ数量的なデータも揃えて，説得力のある論理を展開すべきだと説明してきた。理由は，アクション・リサーチは一般的論を展開するわけではないが，内的な信頼性や妥当性が必要なことは言うまでもないからである。こうしたリサーチ手法を活用して，是非，自分の手でアクション・リサーチを試みてほしいものである。

　次の4章から6章までは，中学校での実践例を2例，高校での

実践例を1例,合計3例を紹介する。いずれも,完璧なリサーチのモデルというわけではなく,改良すべき点も多々ある。しかし,それぞれの実践者が,置かれた状況の中で,精一杯,努力してリサーチを進めている姿は読み取れるだろう。それを参考にしていただければ幸いである。

4 〈中学校での実践例①〉
「聞く・話す」活動を通して書く力を伸ばすアクション・リサーチ

1 研究の背景

　最初に，アクション・リサーチの実践の場となった村山市立楯岡中学校を紹介する。楯岡中学校は山形県7地区のうちの1つである北村山地区に位置し，生徒数439名15学級規模の学校である。地区の中心校としてリーダー的な役割を果たしており，学校教育目標，「活力に満ちた学校」，「心の輝く学校」，「夢の広がる学校」の具現化をめざし，教育活動を進めている。

　山形県では，英語教育研究大会が各地区の持ち回りで開催されている。この研究大会の特徴は，講師を1年ほど前から依頼し，その講師のアドバイスを受けながら与えられたテーマを地区全体で研究し，公開授業を実施するという点にある。平成9年度は北村山地区が当番で，そのための準備が平成8年から開始された。地区全体でのアクション・リサーチへの取り組みの詳細については，次章を参照されたい。

　楯岡中学校では，県の研究テーマ「積極的にコミュニケーションを図ろうとする態度を育てる指導」，それを受けた地区テーマ「生き生きと英語で表現する言語活動の工夫」，さらに第3学年テーマとして設けた「「話す」「書く」を中心に」の視点から3年生の抱える問題を洗い出し，アクション・リサーチを展開した。

2 予備調査

　私が研究授業を行うことになった第3学年は，持ち上がりではなく，初めて担当することになった学年である。前年まで校内授業研究会などの折りに外から視察はしていたが，具体的な実態把握がほとんどないまま授業を始めることになった。授業開始直後の印象として，クラスルーム・イングリッシュに対する生徒の反応が乏しく，英問英答などがほとんど成立しないこと，前年スキット作りなどで書く活動にさかんに取り組んできたわりには，文型や文法項目が不正確なものが多く，書く力が十分に育っていないことが強く感じられた。

　4月の前半の授業を終えたところで，問題点を明らかにするため，次のような予備調査を行った。

2-1　予備調査1：観察結果

(1) 休み時間などは騒々しいほど元気なのだが，英語の時間になると沈黙が訪れる。他教科の授業をのぞいてみると，結構活気が見られる。
(2) 特にオーラル・イントロダクションやリスニングの活動に入ると途端に静かになってしまう。少しでもわからない単語，聞き取れない単語が出てくると，すぐに諦めてしまう。英語の音に対して十分慣れておらず，音声に対する抵抗が大きい。
(3) 生徒とインタラクションを図ろうと簡単な英語で話しかけても「わかりません」か無言のままがほとんどである。挙手は全く無い。簡単な英語にパラフレーズしても反応の悪さは変わらず，自然と教師も日本語による説明が多くなってしまう。

(4) 音読が不得意な生徒が目立つ。

(5) 自己紹介の自由英作文を書かせたところ，文法ミスが多く，文と文の論理的なつながりが意識されていない。

2-2　予備調査2：リスニングテスト

実用英語検定試験の4級のリスニング・テストを行ったところ，次のような結果であった。

(各問1点×20問＝20点満点　対象：3年生170名)

得点	20	19	18	17	16	15	14	13	12	11	10	9	8	7	6	$5 \approx 0$
正答者(%)	3	0	0	0	6	6	3	12	6	6	28	3	6	18	3	$0 \approx 0$

高得点の生徒も若干いるものの，10点以下の生徒が過半数を越えた。

2-3　予備調査3：教研式標準学力検査

全国平均よりも通過率が著しく下回っている項目をスキルごとに挙げてみた。聞く技能，話す技能，書く技能の低さが目立った。

技能	項目	％比較
「聞くこと」	対話文の聞き取り	－12
「話すこと」	聞いて正しく答える 語の強く発音する部分	－ 9 － 5
「読むこと」	文章の内容理解	－ 5

「書くこと」	文完成の適語を書く	－ 5
	適語で文を作る	－10
	語の綴り	－10

　読むことについてはさほど課題となることは数字に表われなかったが，検査項目が内容理解中心のものであったため，音読に関係する文の区切り，ストレス，イントネーションなどに関係する問題が不十分であったと考えられる。

2-4　予備調査4：アンケート結果

　「現在，英語の学習の中で，どんなところが難しいと感じていますか。いくつ挙げてもかまいません」というアンケートを行った。

項目	生徒%
聞き取りに関する活動	71%
話すことに関する活動	55%
読むこと(音読)に関する活動	60%
読むこと(読解)に関する活動	46%
書くことに関する活動	82%

　それぞれの生徒のアンケートから，英語を学習する上で現在抱えている悩みが読み取れる。アンケート結果を技能ごとに分類して集約したところ，上のような結果が得られた。「話すこと」以上に「聞くこと」が難しいと感じていること，じっくり読むことはある程度できても，「書くこと」になるとほとんどの生徒が苦手としていることがわかる。

2-5　予備調査5：自己報告

　外国人がホームステイにやってきたという場面のスキットを作らせた。その際，日本の観光名所について会話文になるように指示した。その後，以下のようなアンケートを取った。
▶スキットに取り組んでみての感想
　① ほぼ自分の思い通りに書けた。　　　　（15％）
　② あまり，思い通りには書けなかった。　（54％）
　③ ぜんぜん書けなかった。　　　　　　　（31％）
▶②，③を選んだ人は何が原因として考えられますか。自分にあてはまるものはすべて挙げなさい。
　・単語や文法がわからなかった。　　　　（50％）
　・トピックを決めることができなかった。（41％）
　・どのように文を作り，まとめたらいいのかわからなかった。
　　　　　　　　　　　　　　　　　　　　（28％）
　・時間が足りなかった。　　　　　　　　（ 9％）

　生徒の英作文を見ると，①「ほぼ思い通り書けた」と答えている生徒のものでも，語順などのグローバル・エラーが見られた。また，アンケートの結果から，語彙だけではなく，トピックの決定から書く内容，また，文脈構成などさまざまな要因に悩んでいることも理解できた。

＊

　以上の予備調査の結果を次のように分析した。
　生徒観察からもわかるように，生徒は英語を「話す」意欲に乏しく，「書く」ことに発展させることができない。その原因の1つとして，音声面に関しての抵抗が大きく，聞くことにも消極的になっていることが考えられる。それが未習語句を類推したり話の展開を予想しながら聞くという積極性を阻害することになり，

ますます「聞く」力を低下させてしまう悪循環を招いている。「表現」は「理解」が前提になっていることを考えれば，まず理解の基礎となる「聞くこと」に積極的に取り組めるようにすることが急務であると考えられる。そこから話す活動，そして最後に書く活動へとつなげるべきだと判断した。

そこでリサーチ・クエスチョンを次のように設定した。

> 「聞くこと・話すこと」の活動をどのように発展させてゆけば，コミュニケーションの手段として英文を書ける生徒を育てることができるか。

2-6　予備調査6：文献研究

参考にした文献の詳細は省略するが，関連の本や論文，また佐野先生のアドバイスなどから次のことがわかった。

「書く」能力の基本は自動化した言語能力であり，それはリスニングやリーディングや教師とのインタラクションを通じて得られるインプットによるところが大きい。結局，ライティングの能力を伸ばすには，リスニングやリーディングと関連させて，英語を耳から入れ，口から出す訓練から始めなければならない。また，表現の基礎は意欲だから，生徒の発想を大切にして，表現する楽しさを知らせることも欠かせない。

もちろん，文型練習もそれなりの意義はあるが，実際的な言語使用の場面を与えなければ，文型の知識は知識のままとどまり，実際には役立たない。最初から自由に作文させることはできないからコントロールされた練習は必要だが，それを足がかりにして自由な表現を励ますことが必要である。今回のリサーチでは，まず，教師とのインタラクションを通して，片言でも英語を話す姿

勢を作り，それをリスニングやリーディングで補強し，コントロールされたライティングの活動から，次第に自由度の高い英作文に発展させてゆくことにした。

3 仮説設定

事前調査の結果と文献研究から，段階別に仮説を4つ設けた。
〈仮説1〉

授業の冒頭で，題材の背景知識やストーリーの展開について簡単な英語で教師対生徒のオーラル・インタラクションを行えば，生徒の主体的な聞き取りができるようになる。
〈仮説2〉

全体から部分へと段階的にリスニング・ポイントを設け，それについてQ&Aを行い，本文を読んだあとでさらに詳しくQ&Aを重ねていけば，英語を通しての内容理解が深まる。
〈仮説3〉

聞き取りや読み取りの活動で焦点化したポイントを中心に，モデルを与えて書く活動を設定し，それにプラスして自己表現の文も書かせれば，次第にまとまりのある英文が書ける。
〈仮説4〉

コントロールされた活動の中で，自由度を次第に多くすることによって，多様な書く活動に取り組み，コミュニケーションの手段としての書く能力を伸ばすことができる。

4つの仮説は段階別になっており，理屈の上では仮説〈1〉ができた段階で仮説〈2〉に取り組むことができ，仮説〈1〉，〈2〉ができて，仮説〈3〉ができると考えられる。しかし，実際上は，1授業時間内に4つの活動がすべて含まれているので，まず第1段階では仮説〈1〉に力点をおいて指導するが，他の3つを完全に無視

するわけではなく，授業の展開上，必要な部分は取り入れてゆく。

問題は，各仮説の具体的な内容とその仮説が達成されたか否かを判断する検証の方法だが，それは事前に次のように設定した。

(1) **仮説〈1〉について**

授業の導入時に，題材への興味・関心を高め，聞くことに積極的に取り組む活動を工夫したい。それが主体的な内容理解や，ひいては話すことへの意欲につながると考えられるからである。留意点として，生徒の想像力を高める工夫をすることはもちろんだが，教師の一方的なスピーチにならないように，生徒と十分にインタラクションを取りながら進める。また，話題は本時で学習する教科書の内容とつながりのあるものにする。

検証方法は，主に生徒の挙手や発言で判断する。教師のはたらきかけに対して，3分の2以上の生徒が積極的に英語で反応することを到達基準とする。また，定期的にビデオで授業を撮影し，生徒の表情や反応も検証の参考にする。この点は仮説〈2〉，〈3〉も同様である。

(2) **仮説〈2〉について**

リスニング・ポイントを平易な全体的な質問から段階を踏んで細部にわたるように提示していけば，聞き取りへの抵抗が緩和されると考える。また，読み取りもリスニングで理解したことがさらに深まるよう，チェック・ポイントを用意する。留意点としては，日本語ではなく，英語でQ&Aを繰り返すことによって，徐々に内容を深く理解するようになり，さらに英語で簡単な応答や感想を述べることができるようになると考える。「話す活動」の中で，できるだけたくさんの事柄に英語で言及させることが「書くこと」につながると考える。

仮説の検証方法は，3分の2以上の生徒がリスニング活動に参加できたかがポイントだが，それは生徒の挙手と発話内容を授業中の観察記録の累積から判断したい。ただし，教師の出す英語での質問は，下位生徒には選択疑問文など，中位生徒には Yes-No 疑問文，上位生徒については WH 疑問文や簡単な感想が述べられるかどうかなど，個人差を考慮して実施することにする。

(3) 仮説〈3〉について

　書く活動を難しくしている理由は重層的である。まず，どんな内容のことを書けばよいかで迷う。また，考えをうまく整理できず，構想が決まらないという生徒も多い。たとえ書きたいことは決まっても，それを英語で表現できないという英語力の問題もある。結局，単語や文型レベルの問題から，談話構成上の問題まで，さまざまである。これらの問題は，仮説〈2〉で示した「話すこと」によって焦点化した文型や談話構造をモデルとして与え，まとまりのある英文を書かせれば対応できると考えた。生徒の実態からすれば，あまり多量に書かせないことと，モデルを離れて自由に書く場があることの2点が共に必要である。

　仮説検証は，主に生徒の作業ノートとワークシートに書かれた作品から判断したい。達成基準としては80％以上の生徒がモデルを使ってまとまりのある英文が書け，また，3分の2以上の生徒がモデルにオリジナルの英文を加えて書けることとする。

(4) 仮説〈4〉について

　提示するモデル文を少しずつ減らして自由度を高めていけば，最後にはモデルがなくともまとまりのある英文を書けるようになると考えた。特定ジャンルの文章だけでなく，いろいろな話題について柔軟に対応して英文を書けるようにしたい。仮説検証は，

生徒の自由英作文から判断したい。達成基準として，3分の2以上の生徒がモデル文に頼らず，段落構成のあるオリジナルの英文が書けることと設定した。

このような観察を中心にした仮説検証には，教師の主観が入り込むことは避けられない。しかし，授業者の主観も，日常的に多面的なデータを集積することによって客観性を高めていく。さらにアンケートなどによって生徒の声に耳を傾けたり，参観者からの意見や助言をもらうなどの2重，3重の視点で判断することで，客観性を高めていく努力も大切である。

仮説をどのように実施したかについては，以下の具体的な授業展開の中で説明したい。

4 仮説の実践と検証

〈仮説1〉から〈仮説4〉までの実践と検証について，時間の流れに沿って生徒と教師の関わりがわかるように具体的に述べたい。

4-1 仮説〈1〉の実践と検証

〈仮説1〉
授業の冒頭で，題材の背景知識やストーリーの展開について簡単な英語で教師対生徒のオーラル・インタラクションを行えば，生徒の主体的な聞き取りができるようになる。

4月中旬から下旬にかけて，多様なオーラル・インタラクションを試みた。しかし，教師がgreetingで身近な話題を取り上げて会話を交わそうと，やさしい英語で話しても生徒の反応はなく，いつも失敗した。英語を聞くことに対する心理的な抵抗が非常に

クリスクロス・ゲームの
模様

大きいので，教師が英語を話すだけで心を閉ざしてしまうのである。生徒とのインタラクションを図るには，まず，この心理的な抵抗を取り除くことが必要であった。そこで試したのが，「クリスクロス・ゲーム」である。

このゲームの概略は次のようになる。まずクラス全員が教師の"Everyone, let's enjoy Criss Cross Game. Stand up."のかけ声と共に起立した状態から始まる。教師は口頭で既習のできるだけ簡単な英語を使ってクイズを出す。答えがわかった生徒は挙手をし，一番早かった生徒を指名し答えさせる。もし，正解ならば，その生徒のいる縦列の生徒が全員着席できる。そして最後の縦1列が残ることになる。その列の生徒に対しては1人ずつクイズを続け，今度は最後に残った生徒の横列全員が起立してクイズに答えなければならない。1度正解しても安心していられないのである。そして横1列の生徒も正解した者から1人ずつ着席していき，今度は最後に残った生徒の縦1列の生徒全員が起立しなければならない。このように，縦横の列がクロスするように起立し，ゲームを続ける。

このゲームを採用した理由として，次のことが挙げられる。起立した生徒の能力に応じてクイズで使う英語をパラフレーズする

ことによって，ほとんどの生徒に英語で応答させることができ，英語を聞き取って英語で応答できたという成就感を与えられること，答えないと座れず，また着席した後でも，いつゲームに復帰しなければならないかわからないため，適度な緊張感を保てること，難しい話題の時には地図や写真を見せるなどいろいろなバリエーションを持たせ，教科書の題材にも柔軟に対応できるということ，ゲーム感覚で楽しいことなどである。

今回の実践では3種類の使い方をした。まずは前時の復習として，次に，教科書に関係なく単にウォーミング・アップとして，そして未習語句を交えながら本時の導入としての利用である。このクリスクロスによる実践は4月の末から始めたが，5月の第2週目にはさっそく生徒の変容が見られた。次ページに示すのは週1～2回の割合でとったfield-note(授業記録)の1例である。

生徒の変容が顕著に見られるようになった時点で，このクイズに対する感想を問うアンケートを実施した。英語を「聞くこと」に対しての態度の変化を問う質問に対して，

- たいへん前向きになった。　　　　　　（35%）
- 前向きに取り組めるようになった。　　（50%）
- 以前と同じように自信が持てない。　　（15%）
- 以前より自信を失ってしまった。　　　（ 0%）

と，活動に前向きに取り組んでいる様子が見える。加えて，授業のビデオを見ての英語部会の話し合いでも，

- 生徒に活気が見られる。
- 教師が英語を話している時，生徒の視線が下がらずきちんと教師の方を見て，聞き取ろうとしている。
- 生徒や教師に笑顔が見られるようになった。
- 回を重ねるごとに生徒の反応が早くなった。

などのコメントが得られた。これらの結果から，授業の冒頭の
オーラル・イントロダクションに3分の2以上の生徒が積極的に

```
              授 業 記 録
日  時    平成9年  5月  20日  (火)   4時限
クラス    3-1
目  標    Unit 2
          ・教科書の内容を理解し，音読することができる
          ・現在完了形経験用法の文を言える
```

A — Greeting/Warm-up (10min)
 * Greeting and teacher's talk
 * Criss-Cross

 生徒の積極的な反応が見られる。教室全体に活気あり。

D — Oral Introduction/Listening (10min)
 * New Words (Flash Cards)
 * Listening Comprehension (Listening Points)

 急に雰囲気が暗くなる。始めからあきらめているところがある。下を向く生徒が多い。

E — Explanation of the textbook (20min)
 * Q・A of the content
 * New Words   音読の声小さい。
 * Reading the textbook   35人いるのか？

 泥沼状態。日本語で内容を聞いても、ますます引いてほう。

D — Consolidation (10min)
 * Explanation of the target   ドリルの時の声小さい。
 * Drill of the target
 * Writing

 日本語の説明になると安心した様子。ノートはよく取っている。

全体評価
 授業の最初のクリス・クロスのところは、積極的に反応するようになった。しかし、リスニングに入ると一気に雰囲気が重くなる。パラフレーズでも日本語で質問しても、生徒は、ますます下を向くばかり。その後の学習活動も停滞してしまう。リスニングポイントそのものに問題があるのか？ 与え方か？

Field-note（授業記録）

英語で反応できる，という第1仮説の目標は達成できたと判断し，リサーチの第2段階に入ることにした。

4-2　仮説〈2〉の実践

〈仮説2〉
　全体から部分へと段階的にリスニングポイントを設け，それについてＱ＆Ａを行い，本文を読んだあとでさらに詳しくＱ＆Ａを重ねていけば，英語を通しての内容理解が深まる。

　まず意図したのは，仮説〈1〉で高められた「聞くこと」と「話すこと」への興味関心を，仮説〈2〉のリスニングにつなげることであった。そのため，クリスクロスで本時の教科書の内容理解のための予備知識を与え，それが生きるようなリスニング・ポイントを設定した。ごく簡単なものについては口頭で，その他のものについてはTPシートに書き，OHPに投影して英語で提示した。また，リーディングでは，文字から直接読み取れるごく簡単なものについては口頭で尋ね，精読が必要なものはワークシートにしてじっくり考えさせた。いずれも質問はすべて英語で与えた。

　しかし，この活動に入ると，せっかく仮説〈1〉の実践で作られた積極的な取り組みが一気にダウンしてしまい，教室は以前と同じ重苦しい沈黙に包まれてしまった。簡単な英語にパラフレーズしたり，教科書準拠のピクチャー・カードを提示しながら発問しても，状態は悪くなる一方であった。リスニング・ポイントの内容自体がわからないのではとも考え，日本語で与え，日本語で答えることも許容した。ところが，それは逆効果でしかなかった。こちらが生徒の実態に近づこうとすればするほど，生徒はますま

す萎縮してしまい，教科書の読み取り作業は泥沼化した。それと平行して音読の声も小さくなってしまった。生徒への informal interview や，「リスニング活動についての感想や困っている点を自由に書きなさい」という無記名のアンケートで，次のような批判があることがわかった。

(1) 授業の最初で楽しくクイズがやれたのに，いきなり聞き取りの問題が与えられて緊張してしまう。
(2) 何とか聞き取れるものがあっても，それが先生の質問への答えとして適切か自信がない。
(3) 間違えた時，恥ずかしい。
(4) 質問自体が聞き取れない。
(5) 聞き取りでわからなくなるとその後も気が滅入ってしまい，やる気がなくなってしまう。

これらの批判は教師の観察結果とも合致していた。また，生徒の指摘にはなかったが，この方法では以前，失敗した経験があっただけに，いっそう意欲喪失に陥るのかもしれなかった。

生徒がこのように強い拒否反応を示しているのに，仮説〈2〉をこのまま強行しても目標の達成は不可能である。これまでの実践の成果を生かすためには，仮説〈2〉の問題点を見つけ出し，より生徒が受け入れやすい形のリスニングの活動に変更する必要が出てきたのである。

また，次の点もアンケートで明らかになった。

(1) 生徒は本来聞き取りに対してがんばりたいという意欲を持ち合わせている。
(2) 強制的に聞き取らせる形が，生徒の意欲や聞き取ったことを発表する機会を制約している。
(3) 解答の正誤の判定が中心で，聞き取りの指導というより評価になっている。指導という視点からは，まず自由に聞き取

らせ，聞き取れた事柄でオーラル・インタラクションをすべきである。
(4) 結局，教師サイドの聞き取りから生徒の能力を引き出して育てる，生徒の発想を大切にした聞き取りの活動に転換すべきである。

以上の考察から，仮説〈2〉を次のように変更した。

〈新仮説2〉
　題材の聞き取りで生徒が聞き取れた語句を中心にオーラル・インタラクションを行えば，生徒は聞き取りや読み取りにより積極的になり，その結果，内容の理解を深め，自分の考えを明確にすることができる。

4-3　新仮説〈2〉の実践と検証

　クリスクロス・ゲームを通して大まかな内容を導入した後で，リスニング・ポイントを設けず，直接教材を聞かせ，聞き取った単語を挙げさせ，それを教師が板書していく。その語句を中心にオーラル・インタラクションを行うことによって，ランダムに挙げられた語句が文に整理されてゆく過程で内容理解を図る。この活動でカバーしきれなかったポイントは，読み取りの段階で再びオーラル・インタラクションを行い，英語を聞いたり話したりすることを通して理解を深める。

　生徒の変容の過程をDiary(日誌)の抜粋とTime-logから検証する。次のページの日誌に見られる生徒の変化をグラフで表わすと，110ページのようになる。

▶ Diary（日誌）

月／日	授業観察からの生徒の変化
6/1～6/14	リスニングで生徒が挙げる単語は機能語と内容語の区別がつかず混然としており，その後のオーラル・インタラクションがうまくいかず整理が大変。また，挙手は上位の生徒のみ。
6/15～6/21	下位生徒の中からもおそるおそる挙手する者が出始めた。
6/22～6/30	生徒が機能語を挙げても教師は"That's right.", "Good."と評価をしてやるが，板書はしない。書く場合は，ごく小さい文字で書く。これを辛抱強く続けたところ，下位の生徒も自信をもって手を挙げるようになり，挙手が多くて困るほどになった。また，次第に内容語だけを挙げるようになり，何を聞き取るか経験から学んだ。
7/1～7/21	聞き取った単語についてのオーラル・インタラクションもスムーズにいくようになった。指名せず呼びかけても，必ず応答がある。
8/25～9/10	単語だけではなく，短かい連語なども聞き取れるようになってきた。オーラル・インタラクションの時，教科書準拠のピクチャー・カードを提示しながら行ったところ，生徒の話す英語の量はさらに増え，読み取りの前の段階でかなりの内容理解ができるようになった。
9/11～9/30	教師の英語による指示への反応もよく，8～9割は英語を使って授業が進められるようになった。不思議と音読の声も大きくなった。

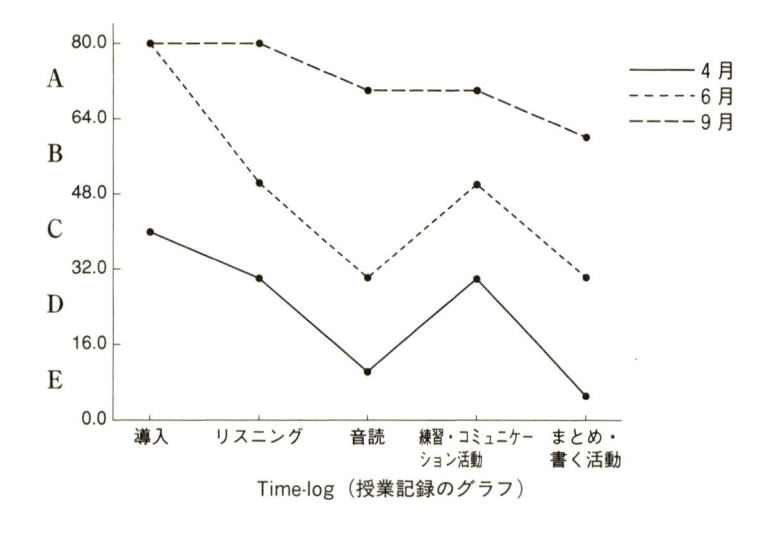

```
A  80.0
   64.0
B
   48.0
C
   32.0
D
   16.0
E
    0.0
       導入   リスニング   音読   練習・コミュニケー   まとめ・
                              ション活動        書く活動
```

凡例: ── 4月 ／ ‑‑‑ 6月 ／ ‑ ‑ 9月

Time-log（授業記録のグラフ）

　この2つの資料からだけでも，仮説〈2〉は達成できたと判断できるが，また，9月30日に行われた県英語研究会大会の公開授業の参観者のコメントも参考になる。単元としては12時間扱いで，本時は7時間目にあたる。前時までは"Starting Out" 3時間で文法の基本的な用法の導入，"Listen and Speak" 2時間で，アイヌ語を話題にした会話文の理解，そして本文となるアイヌ民話の全体導入に1時間の指導を行った。本時は2時間目にあたる。

　公開授業のあらましは次のとおりである。

題材：*New Horizon 3*, Unit 6 : Living Together
　「アイヌ民話　キツネのチャランケ」の導入部分
指導目標：関係代名詞 who を含む本文の表現を参考にして山形の民話の導入部分を英訳することができる。
(1) 導入：前時に指導した民話の背景知識の復習としてクリスクロス・ゲームを行う。最初に北海道の地図を OHP で提示し，

地理的な特徴から動物，アイヌに関わることなど本時に直接関わることをクイズの形で徐々に与えた。

　クイズ例：Q1．Do you know the name of this river?
　　　　　（答：River Ishikari）
　　　　　Q2．Have you ever been to Hokkaido?
　　　　　Q3．What does this Ainu language mean in English?
　　　　　（中略）
　　　　　Q8．One night where did the Ainu man go?
　　　　　（答：He went to the river.）

(2) リスニング：本文のテープを自由に聞き取らせた。聞き取った単語を挙手した生徒に発表させ，それを文に完成することを意識しながら教師が下記のように板書した。

Once	lived	young	Ainuman
Shikotsu	animal	mountain	
Usakumai	village	salmon	caught

(3) 聞き取った語句についてのインタラクション。（　）内は生徒の応答である。

　Who lived in Hokkaido? （Ainuman）
　Was he young or old? （He was young.）
　Where did he live? （Usakumai）... etc.

(4) 聞き取れなかった部分については，開本して 2～3 回の音読練習の後，次のようなインタラクションを行った。

　What was the season in this story? （Fall）
　Who caught salmon? （Bears）　Only bears? （No, ...）
　Who were they? （Ainu, bears, foxes, ...）... etc.

なお，(3)，(4)で生徒が答えた語句は，全体やグループで個別に

公開授業の模様。リスニングで聞きとった単語を板書していく。

リピートさせてフィードバックを与えた。

　公開授業ではこの後，山形県の民話を英訳させて仮説〈3〉に関わる実践を行ったのだが，それについては次の節の仮説〈3〉の実践と検証のところでまとめて説明することにする。以下に授業の参観者のコメントを紹介する。

▶授業参観者のコメント

・冒頭のクリスクロス・クイズゲームは北海道の一般的な話題から徐々にアイヌのことに移り，前時の復習を経て本時の導入になる流れが参考になった。

・クリスクロスでの生徒の反応がよく，短時間で多量のインタラクションが行われていた。

・生徒はよく聞き取り，挙手してたくさんの単語を挙げていたが，そのほとんどが内容語ばかりで感心した。どのような指導をしたのか教えてほしい。

・ほとんどの生徒が山形の民話の導入部分が書けていた。インタラクトして「話したこと」が「書くこと」に生かされていた。

・授業の90％以上（英訳のやり方を説明する部分以外はすべて）英語を使って授業を行っていた。生徒全員が最後まで教師の方を向いて聞いており，顔が下がる生徒はいなかった。

などである。総括すれば，生徒が活発に英語を聞き，かつ話し，それが書く活動につながっていた授業であったと言える。

楯岡中学校でのアクション・リサーチのきっかけは，この研究授業があったからではあるが，リサーチそのものの最終ゴールは，「書く」活動を「話す」活動の発展として位置づけることによって，コミュニケーションの手段として英文が書けるようにすることである。そのため，4つの段階を設定して実践を続けてきた。これまで「話す」が中心の仮説〈1〉と〈2〉は達成したので，次はいよいよ「書く」が中心の仮説〈3〉，〈4〉について報告する。

4-4　仮説〈3〉の実践と検証

〈仮説3〉
　聞き取りや読み取りの活動で焦点化したポイントを中心に，モデルを与えて書く活動を設定し，それにプラスして自己表現の文も書かせれば，次第にまとまりのある英文が書ける。

これまでの実践で，英文を表出することへの抵抗感を減じることはできたが，正確さとなるとほど遠い。しかし，いきなり正しい英文を書くことを求めても無理がある。また，談話構成についても意識的な知識として与えるよりは，さまざまな例に触れることによって自然と身につけてゆくべきものではないかと考えた。そこで，聞くことや話すことを通じて理解を深めた教科書をモデルにして，若干のオリジナルの英文を加えてまとまりのある文章が書けることを目標としたのである。

仮説検証の方法としては，生徒の作業ノートやワークシートに書かれた作品から判断する。80％以上の生徒がモデルを使って書くことができ，そのうち3分の2以上の生徒がオリジナルの英文

を加えることができれば基準に達したものと判断した。

公開授業では「キツネのチャランケ」の前述のやり方で理解させたあと，OHPで下のフレームを提示し，生徒に山形の4つの民話から1つ選ばせて導入部分を英訳させた。フレームの使い方は「舌切りすずめ」を例にとって教師が英語で説明した。なお，4つの民話は事前にコピーし，日本語で読ませておいた。

Once there lived (　　　　) who...
Her (His) name was 〜
●あこや姫　　　●げんないとカッパ
●寝太郎　　　　●たまむし姫伝説

フレーム＋5文をめどに，日本語にとらわれずに自由に英訳させた。その後の授業で展開，結びの部分も同じように英訳して書きためさせ，最後に全体を見直してfinal draftを書かせた。

結局，5時間にわたる活動だったが，それぞれの生徒が山形の民話を自分なりに英訳し，かつ，創造的な文を加えた作品を完成させたことになる。それを全員分集め，コピーを作り，タイトルをつけて製本し，生徒同士で互いの作品を読んで感想を述べ合わせた。その作品の一例を紹介する。

Princess Akoya

Once there lived a princess who could play the *koto* very well.　Her name was Akoya.　She was very beautiful.

One night she saw a young man.　He was playing the flute very well.　They enjoyed playing the flute and *koto* together. Then the young man came up to Akoya's house every night.

A few days went by.　He wasn't a man.　He was an old pine tree who lived in Mt. Chitose.　But she couldn't see the man ever since.　Because people cut down the pine tree to make a big bridge.

　　The big bridge was going to cross the Natori river.　A lot of people tried to carry the tree. But it didn't move. But the tree moved when Akoya touched it.

　　Akoya went back to Mt. Chitose and planted a pine tree. We call the pine tree "Akoya's pine tree".　Now there are a lot of pine trees in Mt. Chitose.

　この作品録を分析すると，9割の生徒がモデルを使って民話を英訳し，また，4分の3の生徒がオリジナル文をつけ加えた。生徒も次のような感想を述べている。
・これまで，英語の学習の中でも書くことが苦手で，いざ鉛筆を持っても英文が出てこなくて時間だけが過ぎることが多かったと思います。でも，今回の授業では，教科書で学んだことをヒントに，山形の民話を楽しく英訳することができました。やり方次第で，こんなにたくさんの英語を書けることに驚きました。

　2学期のスタートからおよそ1か月で，仮説〈3〉は一応クリアされたことになる。そこで仮説〈4〉に従って，教科書の一部を変更して自己表現の部分を次第に多くする活動を続けた。生徒はおおむね真剣に取り組み，モデルがあればある程度まとまりのある英文を書くことができるようにはなった。その一方で，辞書に頼り難解な語句を使用することが目立ちはじめ，読み手に書き手の意図が伝わらないことが生じてきた。また，モデルに依存しすぎて，自分の発想や想像力を十分に生かしていないことにも気づいた。もっと内容や構成まで生徒が考える表現活動を与えることが必要だと考え，プロセス・ライティングの手法を用いることにし，

仮説〈4〉を次のように修正した。

> **〈新仮説4〉**
> 　プロセス・ライティングの手法を用いることによって，生徒は次第に自由度の高い書く活動に主体的に取り組むようになる。

4-5　新仮説〈4〉の実践と検証

　いきなり完成された文章を求めずに，生徒の発想が生きるように，生徒同士，生徒と教師間のインタラクションを通じて構想を練り，下書きを重ねて作品を仕上げてゆくのがこの手法の特徴であり，書く過程を大事にした授業である。

　基本的な指導手順に次のようになる。
① ブレーン・ストーミング
② 単語レベルのアイディア
③ 文レベルのアイディア
④ 自己評価
⑤ 段落構成
⑥ 初稿
⑦ 生徒相互の意見交換
⑧ 教師との意見交換
⑨ 第2稿
⑩ 最終自己評価
⑪ 最終稿
⑫ 作品読み合いと感想の交換

　この実践ではノーマン・ロックウェルの画集からイラストを選び，上の指導過程に沿って取り組ませた。

ノーマン・ロック
ウェルのイラスト
© 2000 Norman Rockwell Family Trust arranged through OLA Co. Ltd.

①では，絵の中の3人は何をしているところか，4人グループで日本語で意見を交換させた。時間は10分程度とし，リラックスした雰囲気の中で話ができるように配慮した。それぞれのグループからは「けんかをしている」「明日の遊びの約束をしている」「お医者さんごっこをしている」などの声が聞かれた。

②では，個人で絵からわかること，想像できること，今後の展開として予想できることを視点に，浮かんだ単語を5分間でできるだけ挙げさせた。

▶単語レベルのアイディアの例

tooth, doctor, girl, assistant, mouth, imitate, play friends, school, home, ... etc.

③では，②で挙げた単語を少なくとも1語は取り入れた英文をたくさん書かせた。

▶文レベルのアイディアの例

A girl imitates a doctor.

She looks like a real doctor. The doctor said "Please open your mouth bigger."

A girl opens her mouth and shows doctor her teeth. There are three girls.

They are playing a doctor.

Another girl imitates an assistant.

Third girl sees her doctor.　　... etc.

④で，書いた文を読み直しさせた後，⑤では「場面説明」，「人物説明」，「中心話題」，「今後の展開予想」という大項目の下に，書いた英文をグルーピングさせてパラグラフとし，次にパラグラフをどのように配置するかを検討させ，第1稿を書かせた。

▶第1稿の例

There are three girls.

A girl who has two books imitates a doctor.

Another girl imitates an assistant.

Third girl sees the doctor.

They are playing a doctor.

Third girl opens her mouth and shows the doctor her teeth.

The doctor said, "Please open your mouth bigger."

She looks like a real doctor.　　... etc.

さらに⑦でグループで作品交換して読ませ，「もっと知りたいこと」，「疑問に思うこと」などのコメントを日本語で書かせた。教師も机間指導しながら話し合いに参加した。この作品に対しては，次のような質問やコメントがグループ内で寄せられた。

(a) 女の子たちはどこにいるのか。

(b) 女の子たちの年令はいくつくらいか。

(c) girl という単語が繰り返し使われ，絵の中のどの人物のことを言っているのかわかりづらい。

(d) 女の子はなぜ医者に診てもらいにきたか。

(e) imitate という単語はどんな意味か。　　　…など

教師からは，この後，医者に診てもらっている女の子はどうなるのか，もっと女の子たちの会話を入れた方が文が生き生きしてくるのでは，などといった点を指摘した。そして「書きたいこと」をすべてストレートに書こうとしないで，まずは「書ける」英文をたくさん書くことも大切であることを指導した。こうして生徒は，読み手からの質問に答える形で，英文をつけ足したり訂正を加えたりして第2稿を書いた。最終段階では，辞書でスペリング・ミスや文法のチェックを行い，最終稿を仕上げた。この後，回収して添削を行い，最後に作品を冊子にして鑑賞会を行い，感想を書かせた。時数としては①〜④に1時間，⑤，⑥に1時間，⑦〜⑨に2時間，⑩〜⑫に2時間の，計6時間かけて指導した。

　上のように手順を踏んでうまく書けたグループの作品の代表として，次の作品例(1)が挙げられる。

▶生徒の作品例(1)

　　There are three girls in the playroom.　They are playing house.　They are all nine years old.　The girl who has two books is Mary.　She plays a dentist.　The girl with gold hair is Lucy.　She plays a nurse. The girl who has a flower in her hand is Beth.　She has come to see the dentist because one of her teeth came out.

　　Beth opens the mouth and shows the dentist her teeth. Mary says, "Please open your mouth wide."　Mary talks like a real dentist.　Lucy says, "Be a good girl.　Please open your mouth as wide as you can."　Beth opens the mouth as wide as she can. Mary says, "Good! Your teeth is all right. Today is the last day. You don't have to see me tomorrow." "But doctor," says Beth, "I can't close my mouth."

これに対して,あまりうまくいかなかったグループの作品として,作品例(2)のようなものも若干見られる。グループ内の話し合いが活性化しないため,ブレーン・ストーミングの段階でアイディアを十分に出すことができなかったこと,相互評価でも作品の内容に踏み込んだ話し合いができなかったことなどが考えられる。このようなグループの生徒は,相対的に英文の書く量は増えたが,トピックがはっきりしていないためストーリーをうまく展開させられず,段落構成も曖昧になっている。

▶生徒の作品例(2)

Mary, Amy, Ellen were born in Canada. They are nine years old. So they are same age. In 1997 they went to Ellen's house to read books. But it was not interesting for them.

Amy was interested in Ellen's mouth. Amy asked Ellen to open the mouth. So she open the mouth. But Mary was not interested in her mouth.

また,比較のために題材となる写真(次ページ)を1枚与え,時間を50分とり,できるだけたくさんの英文で1つの物語を作るようにだけ指示して書かせる活動を,プロセス・ライティングの前に取り組ませた。その時の作品が生徒作品例(3)である。作品例(1)と作品例(3)は同じ生徒が書いたものである。

▶生徒の作品例(3)

There is a boat. The boat is made of paper. There are

Process Writing. White & Valerie (1991) Longman より

two people on the boat. It carries them. Two people are as short as pen. They are going to the small people land.

　生徒の作品の全体的な傾向を見るために，題材を与えただけの時と，プロセス・ライティング(PW)で指導した時の，生徒が用いた単語数と文の数を調べた。

表1．単語数の比較

作品中の単語の数	90	80	70	60	50	40	30	20	10	0
題材を与えただけの時の生徒の割合(%)	2	0	3	2	3	13	10	17	22	28
PW導入時の生徒の割合(%)	40	11	13	14	10	3	0	7	2	0

表2．文の数の比較

作品中の文の数	15	8	7	6	5	4	3	2	1	0
題材を与えただけの時の生徒の割合(%)	4	13	22	15	0	2	20	4	10	10
PW導入時の生徒の割合(%)	62	19	0	3	2	8	0	6	0	0

表1と2をもとに、プロセス・ライティングによる生徒の作品と、手立てを与えずに自由に書かせた場合の作品とを比較し分析すると(表3)、前者が単語数、文数では格段に多い。また、内容については、お互いの作品を読み合い質疑応答をくり返す中で、読み手を意識して書こうという姿勢が見られた。その結果、難解な表現を避け、平易な英文でわかりやすく書いているものが増えた。文法では依然としてローカルな誤りは見られるものの、語順などは下書きを重ねるたびに改善されていった。特に大きな変化が見られたのは段落構成である。この活動の結果、談話構造の重要性を理解し、これ以降の書く活動でも、論理の展開を意識した段落構成が見られるようになった。

表3．生徒の作品評価の比較

（数字は各評価を受けた生徒の割合を％で表わしている。）

評価	題材を与えるだけの書く活動				PWによる書く活動			
	A	B	C	D	A	B	C	D
段落構成	3	13	54	30	33	44	23	0
ユニーク	6	4	60	30	17	23	60	0
文法	13	27	30	30	37	37	13	13

　以上のことから、PWの指導を行えば、仮説〈4〉の検証基準を8割方達成したと言える。

5 結論と今後の課題

最後に，1年間のアクションリサーチの成果をまとめてみたい。

5-1 リスニング・テスト

3学期に実用英語検定試験の4級のリスニング・テストを再び行ったところ，次のような結果であった。

得点	20	19	18	17	16	15	14	13	12	11	10	9	8	7	6	5≈0
正答者%	7	4	10	3	6	31	6	2	4	16	2	2	3	0	4	0≈0

(各問1点×20問＝20点満点　対象：3年生170名)

予備調査(95ページ)と比べると明らかな伸びが認められる。英検の問題に限らず，他の教材でも同様な結果が得られた。

5-2 診断テストによる比較

数字は占める生徒の割合(％)を表わしている。

テスト＼得点	100	90	80	70	60	50	40	30	20	10	0
5月診断テスト	0	14	23	15	7	11	9	9	5	5	2
1月診断テスト	2	18	29	14	13	8	6	4	4	2	0

1月のテストは入試用のものだが，期待される学習成果は予備調査で報告した全国学力診断テストとほぼ同じものである。得点分布を見ると，50点以下の下位層が減り，中位へ移動し，さらに

上位層が厚くなった。これらのことから，リスニング問題の顕著な得点アップと，書く活動への抵抗感がなくなり，内容，表現ともに豊かになったことがうかがえる。

5-3 授業態度の変化

3学期段階での授業への取り組みの様子を，Time-log で年度当初と比較した。

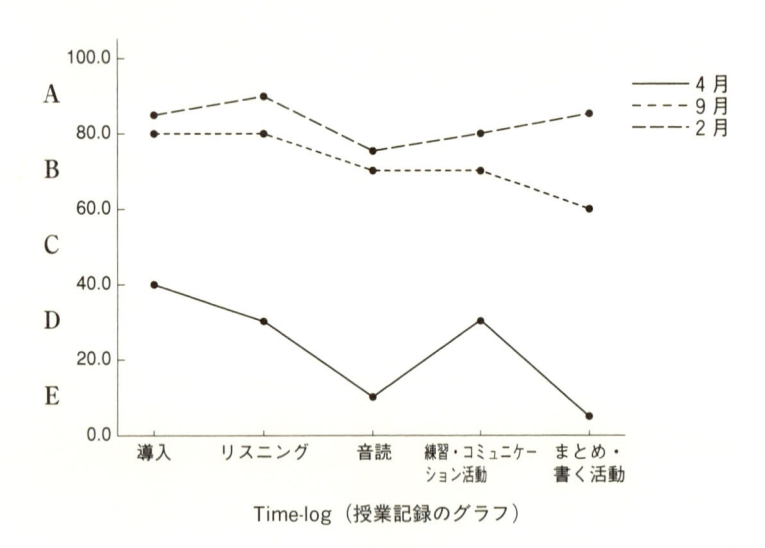

Time-log（授業記録のグラフ）

5-4 生徒へのアンケートの集約

4月と現在(2月)を比較した英語授業への取り組みについて，生徒にアンケートを取った。その結果をまとめたものが次のページの表4である。数字は答えた生徒の割合％を表わす。

7～8割の生徒が1年間にわたるアクション・リサーチの手法

表4. 授業への取り組みについてのアンケート結果

A ←──── C ────→ E
かなり良くなった　　　　あまり変わらない

アンケート項目＼自己評価	A	B	C	D	E
授業の冒頭の導入の活動（クリスクロスなど）	47	38	15	0	0
リスニング	38	44	6	12	0
教科書の内容についての英問英答	26	47	21	6	0
教科書の音読	38	44	15	3	0
教科書の内容精読	32	41	21	3	3
書く活動, 民話英訳, 物語作りなど	26	53	6	6	9

を用いた授業に満足し，英語力の伸びに手応えを感じていることがわかる。しかし，なんと言ってもこの実践の一番の成果は，3年に進級する段階で失われていた英語学習の意欲をもう1度呼び戻すことができたことである。以下に生徒の感想文を紹介する。

　私は，この1年間で英語がとても好きになりました。今では自信を持って，大好きと言えます。毎回英語の授業を楽しみにしていました。以前の英語＝難しいという考え方ではなく，英語＝楽しいという考え方になったからです。テープを流して聞こえてきた単語をあげられたり，クリスクロス・ゲームをやっているうちに，いつの間にか発言する回数が増え，自信がつい

てきました。自信がつくと間違っても平気だと思うようになり，授業に集中して取り組めました。そして，授業でしていることを理解できた時，英語の授業の楽しさに気づきました。それだけでなく，入試の長文もすいすい解けた時などは，とても嬉しかったです。

　印象深いのは，3学期にした絵や写真を見て物語を作るという授業です。今まで習った知識を生かして長い文章を書けたとき，とてもうれしかったし，毎回の授業の大切さが身にしみました。授業で少しずつつけてきた自信が大きな自信へと変わり，とても長い物語を作れたときの感動は今でも忘れません。

この感想文は優秀な生徒のものだと考えられるが，4分の3以上の生徒が非常に類似した感想を寄せていて，「最初は嫌いだったが，いろいろ活動しているうちに少しずつ自信が持てるようになり好きになった。英語は勉強の仕方次第でわかるのだと思った」と述べている。実際，彼らは自分たちの英語力が，「話す・書く」という面だけでなく，「聞く・読む」でも伸びたことを実感できたことで，いっそう意欲的になったのである。

5-5　今後の課題

　4月当初から見ると，3年生の課題であった「聞くこと・話すこと」を発展させることによって，コミュニケーションの手段として英文が書ける生徒を育てることがほぼできたと言える。しかし，仮説〈4〉については7～8割の達成者を得たと同時に，どうしても伸ばせなかった生徒が2～3割いたことも事実である。原因としてはいろいろ考えられるが，英語に限らず根本的な基礎学力不足があることは否めない。また，プロセス・ライティングで

は，グループの中の人間関係が影響して思うように話し合いができなかったと思われるところもあった。いずれにしても，次のリサーチ・クエスチョンとして継続指導していくべき課題である。

*

　以上の報告からわかるように，生徒は大きく変わった。だが，生徒以上に変わることができたのは指導者自身である。4月のスタート時には，授業がうまくいかないと，とかく生徒のせいにしていたように思う。しかし，次第に教科指導も生徒理解がベースになっていると痛感するようになり，自分の指導法に対する反省が見られるようになった。例えば，仮説〈2〉をめぐって苦闘していた5月21日の授業録(Dialy)に次のような記載がある。

> 　生徒がうまく活動できなかった。仮説か，仮説を実践する授業に欠陥があるはずである。指名する前にもっと間合いを持って，生徒に余裕を与えてからインタラクションに入ればいいのか。笑顔も足りないと先輩教師から助言された。リラックス，リラックス。

　アクション・リサーチは生徒の可能性を信じることから始まる。生徒の変容を信じ，謙虚に教師自身の指導を見つめ直すことが大切である。今回の実践は，まさに，「千里の道は一歩から」という諺そのものであった。だが，千里歩いたらそれで終わりというわけではない。また新しい問題意識を持ち，仮説と実践と省察を繰り返してゆく。それがアクション・リサーチだと思う。1人でも英語好きの生徒が増えることを願って，また明日から新しいリサーチが始まる。

5 〈中学校での実践例②〉
地区英語研究会と校内研究会での共同研究

1 地区英語教育研究会での共同研究

　まず，なぜ北村山地区英語教育研究会が共同でアクション・リサーチに取り組んだか，その過程や成果を報告する。直接のきっかけは，県の研究大会がまわってきたからではあるが，授業研究を進めようという機運は以前からあった。その理由は，

(1) これまでの研究発表会は公開授業のお祭り騒ぎで終わり，地区全体のレベルアップにはならなかった。全員で授業研究に取り組む体制が必要である。
(2) コミュニケーション活動の重視という名目のもとに，「英語力」をつける授業が見失われがちである。地に足のついた授業研究をしたい。
(3) 小規模校が多く，先輩教師から授業改善のアドバイスが得にくい当地区では，他校の教師と意見交換する場が大切である。

　したがって県大会への取り組みが開始された平成8年度当初から，公開授業の準備だけでなく，地区研究会としても独自に共同研究をスタートしたのである。

1-1　試行錯誤の過程

　最初の全体会で「生き生きと英語で表現する言語活動の工夫」という全体研究テーマが決まり，具体的な研究の進め方が話し合われた。その結果，1～3年の学年ごとの3研究グループを作り，地区内の3地域がそれぞれを担当することにした。その理由は，学年によってふさわしい言語活動が異なると考えられたし，また，地域でグループを構成することによって，グループごとの集会が持ちやすいと考えたからである。学年ごとの研究テーマを一応次のように定めた。

第1学年：聞く・話す活動を中心にして

第2学年：表現力を高める指導過程の工夫

第3学年：豊かな表現力を引き出す言語活動の工夫

　それぞれのグループで研究授業や実践発表が持たれたが，その内容が全体会で紹介されると，この方法では共同研究にはならないことが明らかになった。

　まず，学年のテーマがばらばらで，研究の全体像が見えないという問題があった。それぞれの学年で何を目指せばよいのか，どの言語活動がどの学年にふさわしいか見えず，各自が自説を述べるだけでコンセンサスを得ることはできなかったのである。これとは逆に，学年のテーマもあまりに漠然としていて，個々の会員が何をすればよいか見えてこないという課題もあった。また地域によるグループ分けなので，担当していない学年について研究しなければならない人もいて，いっそうのとまどいを与えてしまったということもある。つまり，会としても個々の会員としても，何から研究や実践を始めてよいかわからない状況に陥ってしまったのである。

　このような状況の中で，自分の授業に生きないような研究では，

実践研究としては意味がないのではないか、という意見が出た。与えられたテーマにどう対応するかに苦慮するよりも、日々の指導上の問題点を話し合い、情報を交換し合って解決を目指すべきだという意見である。これに賛同する会員が多数を占めた。そこで、研究のまず第一歩として、日頃の指導上の問題点の洗い出しをすることにし、さっそくアンケート調査を実施した。すると、次のような悩みが共通していた。

・生徒の声が小さい。あるいは全然声を出さない。
・言語学習に意欲を失っている生徒が多い。
・能力差が出てきていて対応できない。
・文法や単語の定着が悪い。
・クラス内の人間関係が悪い。　…など

共通する悩みは「声が小さい」という表現に代表されるのだが、その底には英語力の不足、意欲の喪失、クラス内の人間関係などが隠れていることが見えてくる。

そうした理解のもとに、研究テーマの「生き生きと表現する言語活動」を「大きな声で言語活動ができる生徒」と定義し直して、共通目標とした。この目標達成には「話すこと」を抜きにはできないので、全ての学年に「話す」言語活動を位置づけ、あとは学年ごとに「聞くこと」「読むこと」「書くこと」と組み合わせて、以下のような学年テーマを決定した。

　1学年：「聞く」「話す」を中心に
　2学年：「話す」「読む」を中心に
　3学年：「話す」「書く」を中心に

1-2　アクション・リサーチの開始

佐野先生の講演や文献研究に基づき、研修会でリサーチの進め

方について検討し，会員が実践を行い「実践レポート」を提出することにした。

▶「実践レポート」の書式

【第○学年】　　　　　　　　　○○市立◇◇中学校　□□□□
Action Research 1
Ⅰ. **個人研究テーマ**
　「各学年テーマを具体的にしたもの」を書くことになります。「指導書」の各学年ごとの各言語活動の目標を参考に，指導者が現在抱えている課題から設定して下さい。
Ⅱ. **生徒の実態**
　文章表現とアンケート，または事前テストなどの数値で裏づけをする。「学習指導案」で言えば「指導にあたって」の生徒のレディネス調査に相当しますが，特にⅠ.の個人研究テーマに関わることに焦点化して下さい。
Ⅲ. **仮説**
　「〜すれば…なるだろう」（複数でも可）
Ⅳ. **研究の方法**
　仮説を具体化するために授業で実際に行うことを箇条書きにする。最後に研究の期間も明記して下さい。学習指導案で言えば「指導にあたって」，または「研究テーマとの関連」の項の具体的手立てに相当します。
Ⅴ. **指導例**
　学習指導案の「本時の指導」を添付して下さい。
Ⅵ. **成果と課題**
　それぞれの仮説に対して，(1)成果と(2)課題を箇条書きにまとめて下さい。数値，感想などの客観的データがあれば

さらに良い。
<u>Action Research 2</u>
Ⅰ．仮説
　　Action Research 1 の課題をふまえて新たな仮説を導き出す。
【以下 Action Research 1 と同じ手順】

　これ以後，各学年の研修部会や授業研究会，また全体研修会では「実践レポート」の中間発表を行い，研究の推進を図った。そのたびに，指導主事から適切な助言をいただけたし，また県の「授業改善アドバイザー」として来ていただいた長勝彦先生の模範授業からも有益なアイディアがいただけた。特に，佐野先生が計5回も楯岡を訪問し，リサーチの進め方に窮した折に解決の糸口を与えてくださったことが大きな力となった。

　こうして迎えた県英語研究大会では，公開授業を成功させることができたばかりでなく，全会員が自分の実践をアクション・リサーチとして「紀要」にまとめ，初期の目標を達成することができたのである。「実践レポート」にまとめられたそれぞれの研究テーマと，成果(○)と課題(●)の一部を示すと次のようになる。

【1年生】
《自分の伝えたいことをまちがいを恐れずにはっきりと大きな声で話す生徒の育成をめざして》
○ 個人の能力に応じた目標設定により，以前より大きな声で話すことができるようになった。会話の様子をテープやビデオにとって自己評価につなげることができた。とまどっている生徒を仲間が励ますなど，暖かい雰囲気で活動ができるようになった。
● 導入の工夫不足で，自分の目標を適切に設定できないことが

あった。また，ある程度のレベルに達した生徒は次の目標を考えにくくなってしまった。

【2年生】

《英問英答のできる生徒の育成》

○ 絵を用いて場面を設定し，ターゲット・センテンスを使ったペアワークの後に発表させるようにすると，進んで発表しようとするペアが出てきた。全文の暗記が難しい生徒にはターゲット・センテンスを含むパラグラフだけでも暗記するように指示すると，3分の2程度の生徒はできるようになった。

● その場では言えるが，時間が経つと忘れてしまう生徒が多い。定着させる工夫が必要である。

【3年生】

《一文ではなく既習の表現を用いて自分の考えを文脈のあるまとまりのある文章で表わすことができる生徒の育成》

○ warm-upで教師との対話時に反応が速くなった。毎時間実施したため，パターンに慣れてきた。教科書本文を用いての対話文作成では，独自の表現を加えて長い対話文作りに取り組む生徒が見られるようになった。

● 多くの生徒は選択肢があっても内容を決めかねている。選択肢のものより独自の表現をしてみたいという欲求が強いのが理由である。言い換えができないために悩んでいる。表現内容決定のスピードが課題である。

1-3 全体的なリサーチの成果

リサーチの成果を検証する1つの手立てとして，教師全員の意識にリサーチ前とリサーチ後にどのような変化が見られたかをアンケート調査した。一部を紹介する。

(1) 授業に対する考え方の変化（？は「どちらともいえない」）

アンケート項目	Yes	?	No
雰囲気作りに前より工夫するようになったか	20	5	0
教師は微笑んだり励ましたりする姿勢が多くなったか	19	6	0
教師の発話で英語の占める割合は多くなったか	18	7	0
言語活動・コミュニケーション活動は増えたか	15	9	1

(2) 授業中の生徒への対応の変化

アンケート項目	Yes	?	No
教師と生徒の対話（日本語・英語）が増えたか	21	4	0
叱るより励ますことを心がけるようになったか	21	4	0
グループやペア活動が増えたか	17	8	1
生徒の発言する機会が増えたか	13	10	2

　教師と生徒のインタラクションが増えたこと，情意面を育てる指導が行われるようになったこと，学習形態を工夫した授業が増えたことの3点を成果として挙げることができる。一方，短期間の研究であったことから，生徒の変容を十分に把握できず，必ずしも生徒の能力に対して信頼度が増したと言えないことが課題として挙げられる。

(3) 生徒の変化

アンケート項目	Yes	?	No
互いに助けあって勉強する姿勢が増えたか	21	4	0
意味がわからなくても推量して聞く姿勢は強まったか	18	5	2

口頭発表を嫌わなくなったか	15	7	3
ドリルや音読の声は大きくなったか	13	12	0

　教師側の変化に比較すれば，生徒の「大きな声で意欲的に表現する生徒」という目標の達成にはまだ時間を要することがわかる。しかし，クラスのムードは向上し，より積極的に英語を聞く姿勢が生まれてきた。生徒の変化もまた，リサーチの意義を支持している。

　このような変化が生まれた理由は，教師という職業そのものについての意識変化が生まれつつあるからである。このことは次のアンケート結果でわかる。

(4) 教師という職業観の変化

アンケート項目	Yes	?	No
英語力を伸ばす必要を感じ，自己研究の機会を持とうとしたか	22	1	2
今後もアクション・リサーチの方法を取り入れていきたいと考えているか	20	5	0
自分の授業の問題点を探し，解決方法を探るようになったか	19	6	0
他教科の教師と生徒理解について話し合う姿勢ができたか	15	8	2

1-4　今後の課題

　アクション・リサーチは指導技術を伸ばすばかりでなく，教師としてのあり方そのものを考え直すきっかけとなる。当然，こう

したリサーチは継続してゆきたいのだが，北村山地区では県の発表会後は会としての活動は休眠状態である。理由は，多忙で時間がないこともあるが，研究がゆき詰った場合に外部の適切な助言者の確保が難しいからである。研究者との協力体制の確立が大きな課題である。

2 校内研究でのアクション・リサーチ

英語研究会で事務局を担当してアクション・リサーチを進めてきた経験から，この手法は教科を越えた校内研究にも応用できる，と確信した。というのはアクション・リサーチの意図する反省的思考は，自らの授業や教師観の改善点を明確にするばかりでなく，共同で進めることによって，学校教育目標の見直しにまで及ぶからである。

村山市立西郷中学校は，山形市より北へ30キロほどの村山市の西部に位置する，生徒数150名程度，各学年2学級，計6学級の小規模校である。研究主題が，前年度末に「自ら学ぶ生徒の育成」と決定されているだけで，具体的な手立ては未定であった。

2-1 問題点の把握

(1) 生徒の実態

平成10年4月に実施した職員へのアンケート調査から，次のような把握がなされた。

> 素直で地道に学習に取り組む良さがある反面，「学習に対する意欲づけ」が不足していたために，基礎・基本が十分身についているとは言えない。また主体的に学習する場面が与

> えられてこなかったために、話し合いなどの考えを練り合う
> ことが苦手であり、思考力・表現力を発揮する場面が不足し
> ている。

以上の実態を踏まえて、以下の3つを「めざす生徒像」として掲げることにした。
- ① 教科がねらう基礎・基本を着実に学び取る生徒（基礎基本）
- ② 課題に対してねばり強く解決に取り組む生徒（主体的活動）
- ③ 自分の考えを適切に筋道を立てて表現できる生徒（表現力、思考力）

自己教育力の育成　→　『自ら学ぶ生徒』へ

(2) 研究の進め方

アクション・リサーチの主旨を校内研究用に具体化し、共通理解を図った。
- 校内研修は「授業研究」で完結するものではなく、日頃の教育実践の成果の積み重ねと考える。
- 教科指導にとどまらず、学級経営、委員会指導、集会指導なども校内研究を支える活動である。
- 従来のTop-down型の方法論「先に理論ありき」で進めるのではなく、「生徒の実態」からスタートして、校内研修会や授業研究会で成果を検証していくようなbottom-up型の研究を進める。
  - 研究推進委員会を軸に研修を進める。

2-2　研究の仮説

「めざす生徒像」の実現のために、以下の3つを研究の仮説と

して提示した。
　〈仮説1〉　基礎基本を明確にして確実に身につけさせようとすれば，主体的学習を支える力がつくであろう。
　〈仮説2〉　意欲を持たせる単元構成を工夫し，主体的活動を適切に取り入れた指導過程を仕組めば，課題に対してねばり強く解決に取り組む力がつくであろう。
　〈仮説3〉　生徒の実態を適切に把握し，1人1人の実態に応じた評価・支援活動を行えば，表現力・思考力が向上し，学習意欲も高まるであろう。

　3つの仮説を，各教科担当者が授業実践に反映させていくが，特に仮説〈1〉→仮説〈2〉→仮説〈3〉の順に重点を移行してくことを確認して研究を進めた。特に10年度は〈1〉と〈2〉に重点を置くことにした。仮説の順に抽象度が高まるからである。

2-3　平成10年度の研究の実際

(1)　1学期の実践
① 授業

　生徒の「実態の把握」を重視し，本時の基礎・基本を焦点化し定着させることを心がけた。例えば学習指導案の「生徒の実態」は，これまでは指導者の主観に頼ったものが多かったが，多面的にデータ収集し，成果を検証できるようにできるだけ数値化するようにした。

② 授業を支える取り組みとして

　「さわやかな学習環境・雰囲気で効率的な学習に取り組むことができるようにする」ために，指導者側で授業開始前の学習環境作りを心がけた。具体的には，開始時刻の厳守，整理整頓，学習用具の携帯など事前に確認すべき項目をプリントし，期間を限定

(2週間)し，指導者が一斉に取り組んだ。
③ 研究推進委員会の総括的省察

　学習規律も，もっと生徒にとっての意味づけも行う必要がある。委員会活動などの生徒の主体性を重視したい。また仮説〈1〉について，学習内容の「基礎基本」の押さえ方が曖昧になっている面が見られた。また，生徒の言葉の乱れが指摘された。

(2) 2学期の実践
① 授業

　仮説〈2〉を重視し，授業の中で「主体的活動をどのように仕組んだか」を主に研究を進めた。ここでいう「主体的活動」とは授業の中で，生徒が学習課題を解決するために自力で学習しようとする活動のことである。

② 授業を支える取り組みとして

　生徒の主体性を生かす「学習姿勢の重要性」を確認した上で，委員会活動を通した点検活動を行った。また，言語環境の整備を心がけ，「どんな言葉で話しかけるか」を意識して生徒に話しかけるようにした。崩れた言葉で話しかけても共感的な人間関係を作ることができないからである。

③ 研究推進委員会の総括的省察

　活動の設定は多く行われたが，活動のねらいと教師の関わり方があいまいであった。また，「学習活動」を「何を，どんな材料で，どんな学習形態でどうするのか」はっきりさせる必要もあった。また学習課題を提示する以前の指導が足りず，安易に課題を提示している場合が多かった。考えていたほど生徒はすんなりと教師の意図をわかってくれないことも考えさせられた。

(3) 平成10年度の研究の成果と今後の課題
① 成果
　学習姿勢や学習環境に改善が見られ，指導主事のコメントや教師間のアンケートの結果からもよい方向に変容が見られるようになった。指導者の側でも特に「学習指導案」の内容が充実してきた。「何を，何で，どのような活動で」指導するのかが具体的になり，「こんな力をつけたい」との願いをもって授業に臨むようになった。
　すなわち授業を仕組む際に，《学習課題→必要な力→学習活動→評価・支援》という筋道を立てて全員が授業を仕組むようになった。その結果，「どんなことができるようになれば目標をクリアしたと言えるのか」が明確になってきた。
② 課題
ア．課題解決の授業構成の見直し
　単元の中で全ての時間を課題解決型の授業に仕組めない。特に「この時間」というものがあるはず。そういった授業を校内研究で進めていくことが必要。
イ．「評価・支援」の問題
　生徒が課題を自力解決している場面で評価・支援活動を行わなければならない。
ウ．学習課題設定の吟味
　教科でねらう表現力・思考力につなげた学習課題を設定する必要がある。教科部会での検討が必要である。
エ．「総合的な学習」への取り組み
　今の段階で何ができるのか。選択教科の充実を図りながら検討したい。

2-4　平成11年度の研究と実践

　以上のような10年度の反省の上に立って，11年度は次の2点を中心に研究を進めることにした。

(1) **研究のねらい**

① 課題解決型学習の推進

　授業(教科指導)では前年に引き続き，課題解決の学習に取り組み，さらに選択学習(合科的学習)を取り入れ，課題解決の実践に取り組ませる。内容は2年時に週1時間，3年時に週2時間を開設し，うち1時間は2,3年合同で行なう。合科的学習とし(国・美コース，社・技コースなど)，履修は通年とする。また時間割上も，「選択」時に「調べ学習」ができる時間的余裕も確保するようにする。講座内容は，生徒だけでなく，指導者の興味・関心・得意分野なども考慮し，2人指導体制のティーム・ティーチングの形態を取る。文化祭での発表など研究成果の発表の場を設け，感性を高め個性を伸ばす。

② 具体的な指標となる学校教育目標の変更

　平成11年度の教育目標を「共に『自立』をめざす生徒」と設定した。理由は以下の2点に集約される。

ア．研究が深まるほど，最終的なゴールをどこに設定するか，研究を通して何をめざすのか，具体的指標の必要性に迫られた。

イ．めざす生徒像は，自ら学び，考え，主体的に行動する生徒であり，そういう姿は「自立」という言葉に表わされ，仲間や教師と共に集団生活を通して身につけてほしい。

(2) **研究の実践**

　前年度と同様に研究推進委員会を中心に進めてきたが，先の報告と重複する部分が多いので省略する。10月の市研究発表会に向

け,これまでの研究の成果を生徒と職員にアンケート調査した。

(3) 研究の成果と課題1 (生徒側から)

全校生徒151名(1年58名,2年49名,3年44名)にアンケートを取った。ここでは,以下の7点に関して,生徒へのアンケート結果(平成11年9月21日実施)をもとに考察を加える。

① 課題解決型の授業が浸透しているか。

Q1. 授業での課題(学習の中心)がわかりますか。

【回答】	全体(%)	1年	2年	3年
Yes	55.6	48.3	55.1	65.9
どちらとも	41.7	48.3	40.8	34.1
No	2.6	3.4	4.1	0.0

【考察】

学習課題を明示した授業を進めてきた結果,少なくとも授業中「何を学習しているのか」をきちんと理解して学習していることがうかがえる。学年が進むにつれて,学習課題をよく認識しており,良い傾向にあると言える。

② 学習の基本的態度・習慣の育成が身についてきたか。

Q2. 授業中,挙手をしたり意欲的に発言しようとしていますか。

【回答】	全体(%)	1年	2年	3年
Yes	43.0	32.8	61.2	36.4
どちらとも	35.1	41.4	22.4	40.9
No	21.9	25.9	16.3	22.7

Q3. 宿題などはきちんとやれるようになりましたか

【回答】	全体(%)	1年	2年	3年
Yes	60.9	62.1	67.3	52.3
どちらとも	28.5	24.1	26.5	36.4
No	10.6	13.8	6.1	11.4

Q4. 友達に質問したり,教え合ったりしていますか。

【回答】	全体(%)	1年	2年	3年
Yes	64.2	62.1	73.5	56.8
どちらとも	25.8	24.1	18.4	36.4
No	9.9	13.8	8.2	6.8

【考察】

　挙手や意欲的に発言しようとする態度が,特に2年生に多く身についてきたこと,宿題をきちんと提出しようとする態度が身につきつつあること,友達と教え合い学び合う態度が育ってきたことなどが成果として挙げられる。

③ 自己表現力を育てる手立ての検証

Q13. 毎週の朝会での講話をきちんと聞き,内容がわかりますか。

【回答】	全体(%)	1年	2年	3年
Yes	42.4	32.8	51.0	45.5
どちらとも	49.0	60.3	40.8	43.2
No	8.6	6.9	8.2	11.4

【考察】

「朝会の話の感想」を生徒集会で継続して発表するようになり,要点を聞き取る態度とそれをまとめて発表する表現力が徐々に身につきつつある。1年生にはやや難しいところもあるためか,定着度は高いとは言えない。

④ **課題解決型授業改善の成果と課題**

Q: 次の各教科について,少なくとも3教科を選んで具体的に記入して下さい(ここでは,英語についてのみ主な回答を載せる)。

【回答】

> ▶授業で以前よりも頑張れるようになったこと・授業でわかりやすいと思ったこと
>
> 【1年】
> ・毎回ポイントを教えてくれるのでわかりやすい。
> ・単語が書けるようになった。
> ・スラスラ読めるようになった。
> ・授業中に単語の意味を覚えるよう頑張れるようになった。
>
> 【2年】
> ・スラスラ読めるようになった。
> ・外国人と話ができてうれしい。
> ・家での予習を頑張っている。手を挙げるようになった。
>
> 【3年】
> ・わからなかったところが授業でわかるようになった
> ・予習・復習をしているので進んで授業に参加できるようになった。

> ▶授業でわからなくて困っていること
>
> 【1年】
> ・単語をなかなか覚えられない。
> ・どんなときに何の英語を使うかわからない。
> ・単語を書くこと。
>
> 【2年】
> ・英語での説明がわからない。日本語に訳すところ。
>
> 【3年】
> ・eat と have の違い。cook と make の違い。
> ・英文の日本語への直し方。

【考察】

　授業で指導者が重視したことは，成果となって生徒に伝わる。例えば，授業の目標を吟味すれば，生徒にとってはポイントが明確になるし，音読の方法を工夫すれば，スラスラ読めると生徒は感じてくれる。

　また，「わからない」ことも具体的に述べるようになってきた。教科書を読めたり，単語がわかってくれば，次に用法について疑問が出てくるのも当然の帰結であり，確かな生徒の変容を感じる。

(4) 研究の成果と課題2 （教師の視点から）

　ここでは職員（8名）へのアンケート（平成11年9月24日実施）をもとに，考察を加える。

① 研究の仮説について

アンケート項目	Yes	?	No
「課題解決」を意識した授業構成を仕組んできたか(研究主題)	7人	1人	0人
生徒の能力に対する信頼度が増したか(研究主題)	4人	4人	0人
グループやペアなど学習形態を工夫してきたか(仮説〈1〉)	4人	3人	1人
授業で生徒の主体的活動が増したか(仮説〈2〉)	7人	1人	0人
表現力・思考力の向上を意識した活動を仕組もうと心がけたか(仮説〈3〉)	5人	3人	0人

【考察】

　ほぼ全員が「課題解決」を意識した授業を行い,「主体的活動」を授業の中に仕組み,「表現力・思考力」の向上を意識した授業を仕組んできたことがうかがえる。大きな成果である。生徒アンケートにも「わかりやすい」「以前よりも頑張れる」という感想を具体的に記述する生徒が多いことからも,成果が実証されていると言える。

　しかし,時間的制約と,小規模校で1人で担当する教科が多いという制約もあって,表面的な話し合いに終わってしまい,「表現力・思考力」のとらえかたは抽象的レベルにとどまり,具体的な学習活動への応用までは至っていないのが現状である。したがって,「生徒の能力に対する信頼度」は十分に高まっているとは言えない。

② 授業に対する考え方

アンケート項目	Yes	?	No
雰囲気作りを前より工夫するようになったか	4人	4人	0人
学習指導案を工夫するようになったか	4人	3人	1人
教材準備や教材研究にかける時間が増えたか	2人	5人	1人
毎時間の授業の目標を意識して，授業後にそれが達成されたか否かをチェックするようになったか	3人	4人	1人
授業の実践記録を取ったか	2人	5人	1人

〈その他〉(「授業」についてご自由にご意見を)

- 生徒が懸命にやってくれていて助かっているという気がする。時間をかけてプリントを作った結果，数学は「わかる」「おもしろい」と言ってくれている。下手でも一生懸命準備すれば生徒はついてきてくれる，ということを再認識した。

【考察】

「研究仮説」を考慮した授業を進めていった結果，「雰囲気作り」や「指導案の改善」を心がける教員が増えてきたと言える。真剣に研究に取り組んできた成果だろう。

一方で，選択講座数の増加に伴う持ち時間数の増加や「忙しさ」のため，教材準備を十分に行ったり，授業についての実践記録を生かし授業改善を心がけたりすることは十分にできなかった。難しい問題である。しかしながら，「生徒のアンケート結果」に見られるように，指導者が工夫と改善を心がければ，「わかる」「おもしろい」授業を行うことができることを改めて実感できたことは大きな成果である。

最後に2年間の経験をふまえて，学校で共同研究をする際に留意すべき点を述べて，この章を締めくくりたい。

(1) **「研究推進委員会」を機能させること**

企画の中心者は，原案を「推進委員会」で話し合ってから全体に降ろすことが，全体への浸透という意味からも，独りよがりにならないという意味からも，有効である。

(2) **検証する手立てを用意する**

成果を何で検証するかについて，事前に明らかにしておくことが大切と思われる。アンケートを多く用いたが，アンケート項目も事前にわかっているなら提示しておけば妥当性が高まる。特に，授業記録(diary)やjournalなどの収集も積極的に行うことが大切である。また，保護者の意見も貴重な資料となるだろう。

(3) **形成的評価の場をもうける**

研究指定校の場合は，外部講師(主に指導主事)を招いた授業研究会を多く設定することが可能である。そのため授業研究会を節目に成果を検証する手法を取った。その結果，いつまでに何をすればよいかが明らかになり，研究の形成的評価の場として有効に機能した。それが，自然にプロセスを重視することにつながり，時間をかけて積み重ねてきたものを授業研究会での提案授業として公開するような意識が強くなった。

＊

以上，取り組みに不十分な点もあったが，アクション・リサーチを校内研究に取り入れたことは有効であったと判断している。こうした経験をふまえて，さらに発展的なアクション・リサーチが共同で行われることを期待したい。

6 〈高等学校での実践例〉OCAでスピーキング能力を伸ばすアクション・リサーチ

1 問題点の確定

「オーラル・コミュニケーション(OC)A・B・C」が選択必修科目として導入されて以来，生徒は従来の受け身の姿勢ではなく，情報の発信源となり，英語をコミュニケーションの手段として使用することが期待されてきた。当然，教師はその導き手となるのだが，教育現場では65％もの教員が自分の指導法に対し疑問を感じており（アルク，1996），効果的なOCの授業はどうあるべきか，という議論や調査も数多く行われていた。

筆者自身も，神奈川県立都岡高等学校(全日制)でOCAを教えることになり，その方法を模索していた。それまでの授業を省察すると，次のような問題があった。

(1) 生徒が目指すべき明確な最低到達目標や，その目標に至る中間目標が示されていない。
(2) 機械的なドリルや教師中心の説明が多く，自ら進んで発言しようという姿勢を促すような言語活動が工夫されていない。
(3) 流暢さよりも，正確さに焦点を当てた授業をしている。正しい発音や，文法的に間違いのない発言を求めるあまり，よりたくさん話そうとする姿勢を軽視している。

これらの問題点を解決する手がかりを探すために，アクショ

ン・リサーチを始めることにした。

2 予備的調査

2-1 年間目標の決定

担当クラスは，3学年の選択科目で11名（男子2名，女子9名）の生徒で構成され，1回50分，2単位（週2回）の授業である。

年間目標は学習指導要領（平成元年度版）により次のように定められる。

> 身近な日常生活の場面で相手の意向などを聞き取り，自分の考えなどを英語で話す能力を養うとともに，積極的にコミュニケーションを測ろうとする態度を育てる。

しかし，これでは具体的に何をどう目指すべきかわからない。そこで，先行文献をあたると，スピーキングの熟達度を測る上で有効な ACTFL Proficiency Guidelines（以下 ACTFL）が参考になる，ということがわかった（Chastain, 1988）。これをもとに，次のような対照表を作った。

表1

ACTFL	初級下	初級中	初級上		中級下		中級中		中級上	
rating	1	2	3	4	5	6	7	8	9	10

表1は，分布が多いと考えられる ACTFL の初級〜中級をさらに細分化したものである。この中の，母語話者とコミュニケーションが取れる最低レベルである「中級の下」（Level 5）に到達す

ることを，このクラスで目指す熟達度の目標とした。

当校は3学期制で，3学年の授業は4月から12月までである。これを次の4段階に分け，段階ごとに生徒の成長を見ながら，先に述べた目標への到達を目指すことにした。本章で紹介する研究は，このうち，第1段階と第2段階についてのリサーチである。

第1段階：1学期最初（4月）～1学期中間試験（6月）
第2段階：1学期中間試験後～1学期終了時（7月）
第3段階：2学期最初（9月）～2学期中間試験（10月）
第4段階：2学期中間試験後～2学期終了時（12月）

2-2 事前テストの結果

リサーチを始める前に，現段階での生徒のスピーキング能力を把握する必要がある。学習指導要領に示された「3つの言語活動」からテストを考えた。

① 自然な口調で話されたり，読まれたりする内容を聞き取ること。
② 平易な表現で，自分の考えなどを相手に話すこと。
③ 身近な事柄について場面や目的にふさわしい表現で話し合うこと。

②から，言語使用の transactional な側面（情報を伝達する機能）を測る即興的な Speech Test（生徒は「趣味」「修学旅行」「ファッション」「友達」から自由に1つのトピックを選び，JTLに1分以上話す），③から，言語使用の interactional な側面（会

話を進めていく機能)を測る Interview Test(生徒は ALT と個別に4分程度のごく簡単な会話をする)を行うことにした。①の示している聞き取り能力は,②,③のテストの中で自然に行えるものとして省略した。年度当初に,この2つのテストを欠席者を除く10名に対して行った。テストの様子は全てビデオに録画した。

(1) **熟達度**

熟達度は Interview Test から測った。下の表2に,各生徒の熟達度を示す(数字は Interview Test の結果を2人の母語話者が表1のスコアで評価したものの平均)。この結果から,生徒は母語話者と会話を続ける能力が非常に低い,ということが明らかである。

表2

生徒	A	B	C	D	E	F	G	H	I	J	平均
評価	2.0	2.0	1.5	1.5	1.0	2.0	1.0	2.0	1.0	3.0	1.7

次に示すのは,平均的な生徒と ALT とのやり取りを転写したものだが,会話がほとんど成立していないことがわかる。

ALT:How are you today?
生徒:Yes. (笑)
ALT:How are you today?
生徒:How are you? …え?
ALT:O.K. Next question. What is your name?
生徒:My name is Mari.
ALT:What do your friends call you?
生徒:え? (笑)

ALT：What do your friends call you?

生徒：Once, please.

ALT：What do your friends call you?

生徒：…わかんない。

ALT：You don't know. Do again.
Do your friends call you Mari-chan? Matchan?

生徒：ああ。Mari.（笑）

ALT： Mari, <u>at what time did you get up this morning?</u>

生徒：... My hobby is snowboard.

ALT：違う。Um, at what time,

生徒：What time,

ALT：Did you,

生徒：Did you,

ALT：Get up this morning?

生徒：あ, ... my breakfast?

ALT：Um, this morning,

生徒：はい。

ALT：At what time did you get up?

生徒：私の朝食。

ALT：Get up.（身振り）

生徒：…あ, 寝てた。 （笑）

ALT：What time?

生徒：（笑）... Six? Six.

ALT：Six o'clock. <u>And what did you have for breakfast?</u>

生徒：... Sweet corn.

ALT：Sweet corn?

生徒：Sweet corn. 缶詰。Sweet potato. Corn soup.
…あ, あと, パン。

ALT : And bread. That's a lot of food.（身振り）
生徒 ： （笑）ちょっと。ちょっとだけ。

(2) 流暢さ

次に，Speech Test の結果から speech rate（1分あたりの語数）を測り，流暢さを調べた。表3はその結果を示したもので，流暢さが非常に低いことがわかる。

表3

	全体平均	標準偏差	最低値	最高値
発話語数	29.9	10.7	6	47
発話に要した時間	1'02"15	—	0'23"02	2'53"88
speech rate（語／分）	16.5	6.2	6.0	29.0

次に，典型的な例として，「修学旅行」を選んだ生徒のスピーチの転写を示す。（ ）は VTR で観察された生徒の様子，[ ]は筆者の言葉である。

Went to Okinawa ...（約26秒間沈黙）... [O.K. You went to Okinawa.] ... Sea, sea is beautiful. ... But not swimming, ... [Oh, you couldn't swim.] ... because it cold. ...（約28秒間沈黙）ええと，... night, ... [at night,]（約13秒間沈黙）... a lot of? 違う，a lot of star ... in the sky.

2-3 事前アンケートの結果

生徒のつまずきの原因は何か。テスト直後にアンケートを行って，事前テストを受けたときの印象を尋ねたところ，次のような

結果が得られた。

- 英語で話すのに慣れていなかった。
- 言いたいことは頭の中にあるけど、その単語が何なのか出てこなかった。似たような意味の単語も出てこなかった。
- 1つのことを話してもまだ時間があったので、他に何を言ったらいいのかわからなかった。
- 何を並べたらよいのかわからないから、気持ちで話した。
- 集中して聞きたかったけど緊張して聞けなかった。
- 話したいことはあるのにどう言ったらいいかわからなかった。それに英語で話すとなると緊張する。
- 突然だった。どきどきした。頭が真っ白。
- 知っている単語を並べただけで通じたのがよかったと思う。
- 文法や単語が全然わからなくて、単語をくっつけただけなので意味が通じなかったと思うから。あと緊張してて…。

「恥ずかしい」「緊張する」といった hesitation(心理的重圧)と、「言いたいことはあるのに英語が出てこない」といったコメントが目立つ。つまり、英語が「単なる知識」(declarative knowledge)に留まり、「使える知識」(procedural knowledge)に自動化されていないということも大きな原因のようだ。これについては、第二言語習得に関する先行文献で理論的に裏づけることができた(Ellis, 1988)。ならば、(1)「hesitation の克服」、(2)「持っている知識の自動化」の2方向から働きかければ、スピーキングの流暢さが増し、熟達度も向上するのではないだろうか。

では、どのような具体策を立てればよいのだろうか。アンケートから、中学校で生徒たちはほとんど英語を使用した経験がないことがわかったので、当然のことながら、授業中に英語を使う現実的な場面と必要な言語知識を極力与えていくことが必要である。しかし、これでは時間がかかりすぎる。そこで、対処法を求めて

文献研究を行った。

2-4 文献研究

　第2言語習得に関する先行研究を調べるうちに、コミュニケーション能力の中の「方略的能力」を伸ばすことが、前述の(2)「持っている知識の自動化」に効果がある、ということがわかった(Ellis, 1985)。また、次の記述から、生徒の方略的能力を育むことが重要だということが確認できた。

　"There is no such person as an ideal speaker / hearer of a language, who knows the language perfectly and uses it appropriately in all social interactions. ... The strategies that one uses to compensate for imperfect knowledge of rules... may be characterized as strategic competence."
(Savignon, 1983 : 40-41)

　よって、次のような流れで生徒のスピーキング能力を伸ばすことを目指すことにした。

```
(1) hesitation を克服する    (2)方略的能力を育成する
           ↓                      ↓
         スピーキングの流暢さを伸ばす
                   ↓
         スピーキングの熟達度を伸ばす
```

　さらに、「方略的能力」には、ⓐ「言語知識不足を補うコミュニケーション・ストラテジー(CSs)を使用する能力」と、ⓑ「情報伝達するために必要な全体的能力」の2つのとらえ方があることがわかった(Tarone and Yule, 1989)。ここでは、生徒の言語知識

の低さを考えて，ⓐのとらえ方をすることにした。

次に，CSsをどのように教えればよいかについて，文献研究を進めた。いくつかの先行研究から，このクラスのように初級レベルの生徒には，比較的容易なCSsを選んで直接教えることが必要だと判断した。最初の段階では，次の4点をtarget CSs（TCSs）として練習することにした。

> **TCS 1**：自分から会話に積極的に関わっていく方略
> 　　　　（conversation starters, eye-contact）
> **TCS 2**：相手に助けを求める方略（direct appeal）
> **TCS 3**：考える時間を稼ぐ方略（fillers）
> **TCS 4**：未知語を共通の概念や特徴で言い換える方略
> 　　　　（簡単なparaphrase, substitution）

3　仮説の設定

授業に，指導要領の言語活動に対応する3つの言語活動を取り入れることにした。

1) 3分間の自由会話　…　言語活動③に対応
2) タスクのコミュニケーション活動　…　言語活動②に対応
3) TCSの練習　…　CSの使用を促す

また，それぞれの中間目標を以下のように定めた。

【3分間の自由会話】

A. 会話に参加する意欲だけはある。
B. 自分では英語を話さないが，相手の言うことは聞ける。
C. 片言の英語でも話そうとする。
D. 3分間英語で会話が持続できる。
E. それ以上長く英語で会話が持続できる。

【コミュニケーション活動】
　A. 活動に参加する意欲だけはある。
　B. 相手の問いに，Yes/No などでは答えられる。
　C. 身近な事柄ならば，簡単な情報を伝えられる。
　D. 限られた単純なタスクは達成できる。
　E. さまざまなタスクを達成できる。

【TCS の練習】
　A. TCS を使う意欲だけはある。
　B. 教師が助ければ，学習した TCS が使える。
　C. 学習した１つの TCS ならば，独力で新しい場面で使える。
　D. 学習した複数の TCSs を自発的に自由に使える。
　E. さまざまな CSs を自発的に自由に使える。

　プレ・テストの結果から，生徒の現状は「３分間の自由会話」と「コミュニケーション活動」については A〜C レベル，「TCS の練習」については A〜B レベルに分布していると判断した。各観点の目標をクラスの上位の生徒に合わせれば，達成可能であろう。よって，当面の目標をそれぞれ C・C・B レベルに定め，その間の仮説を次のように設定した。

> 〈仮説１〉
> 　「３分間の自由会話」「コミュニケーション活動」「TCS の練習」という３種類の活動を与えれば，１学期中間試験の頃には，生徒は片言でも英語を話そうとするようになり，身近な事柄ならば簡単な情報は伝えられるようになる。また，教師が助ければ，TCSs も使えるようになるだろう。

4 計画の実践

第1段階の授業は1学期の中間テストまで計8回行われた。テキストは，文部省検定教科書 *ECHO English Course Oral Communication A*（三友社）と，*Conversation and Dialogues in Action*（Dornyei and Thurrell, 1992, Prentice Hall）を中心に使用した。表4は第1段階の授業スケジュールである。同校英語科教員の協力を得て，全ての授業をVTRに録画した。

表4

日付	Lesson	TCSs	コミュニケーション活動	指導者
4/22	Lesson 1	TCS 1	Relax and Chat	JTL
4/23	Lesson 2	TCS 1 TCS 2 の導入	Relax and Chat	JTL
4/30	Lesson 3	TCS 2, TCS 3 の導入	Shadow Dictation	JTL
5/6	Lesson 4	TCSs 1〜3 の復習	Go and Find Out	ALT & JTL
5/7	Lesson 5	TCS 3 VTR 復習	Adding Fillers	JTL
5/13	Lesson 6	TCS 4 の導入	Yes or No	JTL
5/14	Lesson 7	TCS 4	Yes or No	JTL
5/27	Lesson 8	TCSs 1〜4 の復習	How does it feel?	JTL

通常の授業は次のように展開された。

(1) Greeting（2分）

英語教室に生徒が入ってくるところから，教師が生徒1人1人に英語で greeting を行い，英語を使う雰囲気に慣れさせた。

(2) 3分間の自由会話（3分）

生徒同士の greeting を兼ねて,「昨日のできごと」などの身近なトピックについて, ペアで約3分間, 自由に会話をさせた。

(3) TCS の導入, 練習（20分）

生徒にわざと難解な質問をし, その反応を板書して, 普段いかに沈黙や日本語に頼っているかを自覚させた。また, どうすればコミュニケーションのゆき詰まりを防げるか話し合わせ, さらに新しい表現をプリントで提示して, その日の TCS を練習させた。

(4) コミュニケーション活動（20分）

その日の TCS を必要とするコミュニケーション活動を行った。

(5) 反省（5分）

最後に, 自己評価カードや口頭のコメントで生徒の意識の変化を確認するとともに, 顕著に見られた誤りを正した。

(6) 宿題

その日のできごとなどについて, 毎日10分間英語で話す練習をすること, また, その様子を簡単な日記につけるよう指示した。

「コミュニケーション活動」の内容は次の通りである。

● **Lesson 1 & 2 "Relax and Chat"**

教科書にある簡単な会話を板書した。

A : (conversation starter)　Are you from Japan?

B : Yes.

A : I'm _____.　Nice to meet you.

B : Nice to meet you, too.

A : I'd like to know more about your country.

B : (conversation closing)

生徒はペアになり，それぞれに役割を与える(162ページ・**資料1**)。相手に自分の役割を教えてはいけない。conversation starter, conversation closing には各自が学習した事柄から考えて入れ，与えられた役割になりきって，全員の前で act out する。各台詞に1文はつけ加える（+1 dialog）。他の生徒はそれぞれの役柄を推測し，同時に，自己評価カード（Evaluation Sheet）(162ページ・**資料2**)に評価を書く。

● **Lesson 3 "Shadow Dictation"**

生徒はペアになり，1人が writer(W)，もう1人が listener (L) となる。教師は L のみに，例えば次のような文を伝える。

> A man with a red hat is coming.

L はこれを W に伝え，W は聴き取った英文をノートに書く。このやり取りの過程は全て英語でなされなければならないので，"Will you say it again?" などの TCS 2 が必要になる。

● **Lesson 4 "Go and Find Out"**

教師は生徒の英語力を考慮して，別々のタスク・カードを渡す(163ページ・**資料3**)。生徒はカードに書かれた事柄に当てはまる人をできるだけたくさん見つけるために，全員に聞きまわらなければならない。その際，話しかける時，話し終わる時，聞き返す時のストラテジー（TCSs 1〜3）を使うよう指導する。

● **Lesson 5 "Adding Fillers"**

教師は黒板に次のように板書する。

> A : Tomorrow?
> B : Trip.
> A : Where?
> B : N. Y.

(資料1・例)

1 A	あなたはフランスから来たばかりの留学生。 たくさん友人をつくりたいと思っている。	3 A	あなたはカナダの警察官。 指名手配中のテロリストにそっくりの日本人を見かけた。あやしい。
1 B	あなたは日本から来た留学生。 昼ごはんを食べたくてイライラしている。	3 B	あなたは指名手配されていて、逃亡生活を送っている。 何とか目立たずにホテルに戻りたい。
2 A	あなたは日本語を勉強しているカナダ人。 日本人に話しかけたくてしかたがない。	4 A	あなたはバスをもう20分も待っている。退屈しのぎに隣の人に声をかけようと思う。
2 B	あなたは初めての海外旅行で今カナダについたばかり。 とても緊張していて、できれば話しかけられたくない。	4 B	あなたはバスを待っていたが、財布を無くしたことに気がついた。はっきり言って、話をしている場合ではない。

(資料2)

EVALUATION SHEET

[　・　　　ペア]

	YES	NO
1. やる気があり、チームワークが抜群だ。	4--3--2--1	
2. 表情が豊かで感情がこもっている。	4--3--2--1	
3. 台詞を工夫している。	4--3--2--1	
4. はっきりとした声で聞きやすい。	4--3--2--1	
5. 発音がきれいで英語がうまい。	4--3--2--1	

Comment :	commentator

(資料3・例)

TASK CARD [1] Find someone who dreams about flying. (Write his/her name here)	TASK CARD [2] Find someone who has been to Hokkaido. (Write his/her name here)
TASK CARD [3] Find someone who usually sings in the bath. (Write his/her name here)	TASK CARD [4] Find someone who enjoys winter sports. (Write his/her name here)
TASK CARD [5] Find someone who has a pet with four legs. (Write his/her name here)	TASK CARD [6] Find someone who likes to get up early. (Write his/her name here)
TASK CARD [7] Find someone who doesn't watch TV more than 2 hours a week. (Write his/her name here)	TASK CARD [8] Find someone who likes soccer better than baseball. (Write his/her name here)

(資料4・例)

Jill Hadfield, *Elementary Communication Games.* (1984) Longman より

生徒は順番にこれに1文ずつつけ加える（ただし会話の意味を変えてはいけない）。全員でこの会話文を長くしていく。最後まで続けられた人の勝ち。

● **Lesson 6 & 7　"Yes or No"**

クラスを2つのチームに分け，それぞれに，例えば"COW"，"TOMATO"といった簡単な語を与える。相手チームに順番にYes-No questionのみ問うことができる。最終的に，相手チームの語を当てたチームが勝ち。教師は，発言の回数を板書する。

● **Lesson 8　"How does it feel?"**

生徒は2人1組で向かい合って座る。間に衝立を立て，相手の動作が見えないようにする。20枚の絵と12に区切られた枠を各自に配布する（163ページ・**資料4**）。一方の生徒は，20枚の中から12枚を選び，ランダムに枠の中に置く。相手の生徒はこれと同じ順序で絵を並べなければならない。そのために，絵の示す物の名前を言わずに，互いにその内容を伝えたり，質問をし合う。

第1段階最終日(Lesson 8)の「3分間の自由会話」と「コミュニケーション活動」では，次のような生徒同士の会話が見られた。

▶ 3分間の自由会話の転写（生徒Dと生徒Eはテスト結果について話している。）

生徒D：Hi.
生徒E：Good morning.
生徒D：How test?
生徒E：Nice hair.
生徒D：Good.
生徒E：Yeah, thank you.
生徒D：You are nice...
生徒E：You, too...
生徒D：What are you, test?

生徒E：Bad, very bad.
▶コミュニケーション活動（生徒Gが生徒Bに絵の順序を伝えている。）
生徒G：One is in the water. And eat it.
生徒B：O.K.　Two.
生徒G：In the sky.
生徒B：Can you eating?
生徒G：No.　White.　Fresh.
生徒B：White.　It have rain?
（中略）
生徒G：Animal.
生徒B：Animal.
生徒G：It's pet.
生徒B：O.K., O.K., O.K.　No. 4.
生徒G：Eating in summer.
生徒B：In summer.　Is it sugar?
生徒G：Sweety.
生徒B：Sweet.
生徒G：Sweet.

5　結果の省察

　8回の授業の後，実践ノート，ビデオ，生徒に行ったアンケート調査の分析から，第1段階の授業を反省した。

5-1　実践経過報告

　表5は，「3分間の自由会話」，「コミュニケーション活動」，

「CS使用」の3つの観点から，期間中の筆者のfield-noteとVTRをもとに第1段階の経過をまとめた実践経過報告である。

「3分間の自由会話」では，ほとんどの生徒が，語彙は非常に限られてはいるが，間違いを気にせずに英語で話せるようになった。よって，目標のレベルCを達成できたと判断した。

「コミュニケーション活動」でも，断片的ではあるが何とか相手に情報を与え，最終的には活動が進められるようになった。よって，これも目標のレベルCを達成したということになる。

しかし，「CS使用」については，授業を始める前と比べてさして変化があったとは言えなかった。TCSを教えた直後にはそれを使えるようになるのだが，新しい場面では，たとえ教師が助けても，ほとんどTCSを使っている場面を観察できなかった。したがって，目標レベルBは達成されておらず，第1段階では方略的能力を伸ばすことができなかった。

表5

日付	Lesson	テーマ	自由会話	コミュニケーション活動	CS使用	備考
4/22	Lesson 1	TCS 1	×	△	◎	挨拶以外で英語を使えない。
4/23	Lesson 2	TCSs 1, 2	×	△	△	発言と言うより，あらかじめ書いた文を読んでいる。
4/30	Lesson 3	TCSs 2, 3	△	△	◎	授業で習った表現を教師と話す時は使えるが，生徒同士で使えない。

5/6	Lesson 4	TCSs 1〜3	○	○	△	ALTが来たので教室に活気が出た。
5/7	Lesson 5	VTR反省会	—	—	—	自分を客観的に見ることで動機づけが高まったようだ。
5/13	Lesson 6	TCS 4	○	○	△	グループ間での発言は英語だったが、グループ内では英語を使えず、全く発言しなかった者もいた。
5/14	Lesson 7	TCS 4	△	△	△	グループ活動よりペアワークの方が活発に発言した。しかし転入生が日本語を多用し、それに引きずられてしまった。
5/27	Lesson 8	TCSs 1〜4	◎	◎	△	やはりALTが来ると教室に活気が出る。

◎は「80％達成」、○は「60％（1/2強）達成」、△は「40％（1/2弱）達成」、×は「達成不可能」を示す。

5-2 中間アンケートの結果

8回目の授業の後に行った中間アンケートの調査でも、前述の事柄が確認できた。集計結果は次の通りである。

「授業に参加して良かった点・問題点・要望を書いて下さい」

● 良かった点
・恥ずかしくなくなって、自信がついてきた。（4名）
・以前より話せるようになったと思う。（2名）
・ゲームを取り入れているので、楽しい。（7名）
・クラスの雰囲気が良い。（3名）
・教科書の勉強ではなく、コミュニケーションが授業の中心であるのが良い。（3名）
・ALTが来ると雰囲気が変わって良い。
・英語を使うのが当たり前なので、意識しなくても英語が出るようになった。

● 問題点
・単語などの知識がない。（5名）
・宿題をしていない。（5名）
・長く話せない。（2名）
・自分の英語がどの程度通じるのかわからない。（1名）
・何て言っていいのか、どう表現していいのか、頭が真っ白になる。…精一杯の単語を使ってしているつもりだけど、その単語がパッと出てこない。（1名）
・時々、やり方がわからなくなるときがある。

● 要望
・基本的な用語を習いたい。
・場面ごとの英会話をやりたい。

- どれだけ ALT に通じているかを知りたい。
- 毎回新しいことをやりたい。

　上記からわかるように、第1段階の指導を通して、生徒は英語を話すことに対して前向きになり、hesitation についてはほとんどの者が克服したと言える。しかし、TCSs の指導そのものが消化されたわけではなく、困ったときにもどう対処すればよいのかわからないままである。つまり、方略的能力は伸びておらず、流暢さにも変化はあまり見られなかった。したがって、第2段階では、第1段階の方略の指導方法を考え直す必要が出てきた。

6　仮説〈2〉の設定

　第1段階では、方略的能力を「CSs を使用する能力」ととらえ、これを伸ばすために CSs を教える「直接指導法」をとってきたが、これには限界があるということがわかった。そこで、方略的能力のもう一方のとらえ方(p.156参照)に注目した。

　すなわち、方略的能力とはタスクを達成する能力であり、CSs はその1部だ、という考え方である。第2段階ではこの視点に立ち、さまざまなタスクに取り組む中で自分で CSs に気づかせる「間接的指導法」を取ることにした。つまり、CSs を教えることではなく、タスクに取り組むことが授業の中心となる。

　文献からさらに、タスクの種類には description(描写)、illustration(説明)、story-telling(物語)、opinion-expressing(意見)があり、この順に難易度が増すことがわかった (Brown and Yule, 1983)。生徒のレベルを考え、最も平易な description を中心にして、必要に応じて他の種類のタスクを与えることにした。

　目標設定に関しては、「3分間の自由会話」、「コミュニケー

ション活動」ではそれぞれ第1段階の1レベル上位を目指すこととした。つまり、前者は「3分間英語で会話が持続できること(レベルD)」、後者は「限られた単純なタスクは達成できること(レベルD)」が目標となる。「TCSの練習」は第2段階では間接的な練習となるが、第1段階で目標が達成されなかったため、据え置きとなった目標、つまり、「教師が助ければ、学習したTCSsが使えること(レベルB)」を目指した。

以上から、第2段階(1学期中間試験後〜1学期終了時)の仮説を次のように立てた。

〈仮説2〉

　descriptionを中心にできるだけ多くのタスクに取り組ませ、TCSsの使用に気づかせる指導を行えば、1学期終了時には生徒は「3分間の自由会話」で3分間英語で会話を続け、与えられたdescriptionのタスクを達成できるようになり、また、第1段階で学習したTCSsを教師の助けがあれば使えるようになるだろう。

7　計画の実践2

　第2段階の授業は計6回で、VTRに録画した。使用教材は、第1段階と同じ文部省検定教科書を参考に、*Elementary Communication Games* (Hadfield, 1984, Longman)や*Keep Talking* (Klippel, 1984, Cambridge University Press)からタスクを選んだ。表6は、第2段階の授業スケジュールである。

表6

日付	Lesson	Taskの種類	コミュニケーション活動	指導者
5/28	Lesson 9	description illustration	Socializing（週末の計画）	JTL
6/5	Lesson 10	description	Giving Directions（目的地を指示する）	JTL
6/10	Lesson 11	description	Wallflowers（パーティー会場）	JTL
6/11	Lesson 12	description	Picture Reconstruction（顔写真）	JTL
6/18	Lesson 13	opinion-expressing	Opinion Poll（同じ意見の人を探す） Four Corners（ペアで結論を出す）	ALT & JTL
6/25	Lesson 14	opinion-expressing	Survival（大切なものの順位づけと理由）	JTL

第2段階の授業は次のように展開した。

(1) Greeting（5分）

教師が生徒1人1人に英語でgreetingを行い，英語を使う雰囲気に慣れさせた。

(2) 3分間の自由会話（3〜5分）

生徒に身近な話題か，あるいはその日のタスクに関する話題を与え，生徒同士ペアで約3分間英語で自由に会話をさせ，タスクへの動機づけを行った。例えば，Lesson 13 "Opinion Poll" では「ALTについて」，Lesson 14 "Survival" では「私の大切な

もの」について話させた。その際，最低限必要と思われる語句表現は板書し，言い方がわからない時は英語で教師に質問したり (TCS 2)，知っている言い方で工夫して表現する (TCS 4) ように生徒を励ました。

(3) Pre-task Exercise（10〜15分）

タスクに取り組む前に，準備となるようなある程度コントロールされたペア・ワークの活動を行い，(2)で出てきた重要表現は使えるように練習させた。

(4) **コミュニケーション活動**（20〜25分）

メインとなるタスクを課した。タスクに取り組む際，例えば Lesson 12 "Picture Reconstruction" ならば「全体から細部へと説明するように」と，そのタスクを切り抜ける方略を提案した。

(5) **反省**（5分）

タスクを終えてみて，困難だった点や，うまく解決できた方法などを，日本語で話し合った。さらに，各生徒のパフォーマンスについて教師がフィードバックを行った。

(6) **宿題**

第1段階に引き続き，授業外でも，その日のできごとについて各自毎日10分間，家で話すようアドバイスした。

各回の「コミュニケーション活動」の内容は次の通りである。

● **Lesson 9 "Socializing"**

各生徒にそれぞれ異なる今週末のスケジュール表を配布する（**資料5**）。生徒は，同じ日の同じ時間帯に自分と同じ場所に行く「デートの相手」を見つけ出すため，クラス中の相手に自分の予定を説明し，相手の予定を聞いていく（難易度を考慮し，オリジナルを変更した）。

(資料5)

★SCHEDULE★	
6/6 Fri.	p.m. Dentist
6/7 Sat.	a.m.
	p.m. Rock Concert (Bon Jovi)
6/8 Sun.	a.m. Swimming school
	p.m.

(資料6)

(資料7)

(資料8)

What do you think?

People who agree with me
↓

I think...
  Konishiki is _____. (   )
  Kimiko Date is _____. (   )
  Tiger Woods is _____. (   )
  To watch TV programs is _____. (   )
  Dancing is _____. (   )
  "Street Fashion" is _____. (   )
  Reading a book is _____. (   )
  Horror films are _____. (   )
  Taking part in this class is _____. (   )

Choices :
(人) fashionable, cool, cute, wise, humorous, cheerful, honest, kind
(その他) enjoyable, exciting, wonderful, boring, difficult, terrible, dangerous

● **Lesson 10 "Giving Directions"**

生徒はペアを組み，どこへ行きたいかを話し合う。教師はそれぞれに同じ地図を手渡し，一方の生徒にのみ目的地がどこかを教える。その生徒は指や図で差し示さずに，目的地を相手に伝える。その逆も行う。方向，目印などを相手に確認するストラテジーを指導する。

● **Lesson 11 "Wallflowers"**

生徒はペアを組み，別々のカードを持つ。カードには同じパーティー会場の様子が描かれているが，名前のわかっている人が異なる。服装や位置などで人物を描写しながら互いに質問をし合い，結果的にパーティー会場の全員の名前がわかることを目指す。

● **Lesson 12 "Picture Reconstruction"**

1) 1人の生徒の背中に簡単な絵(眠っている猫・173ページ・**資料6**)を貼りつける。他の生徒はその生徒が背中の絵と同じ絵を黒板に描けるように，指示を出す。ここで，全体を伝えてから細部へと移るストラテジーを指導する。

2) 生徒はペアを組む。教師は生徒Aがスリを目撃したと仮定し，写真(173ページ・**資料7**)を渡す。生徒Bは生徒Aからその証言を聞き，モンタージュ写真を作成する。

● **Lesson 13**

① **"Opinion Poll"**

クラス全員にカード(173ページ・**資料8**)を配布する。生徒は，第1段階に行った"Go and Find out"と同じ要領で，ある有名人について自分と同じ意見の人をクラス中探し回る。

② **"Four Corners"**

生徒はペアになる。教師の出す次の質問に対して，そのペアで話し合い，"That's all right, of course.", "Maybe that's right.", "Maybe that's wrong.", "That's wrong, of course."

(資料9)

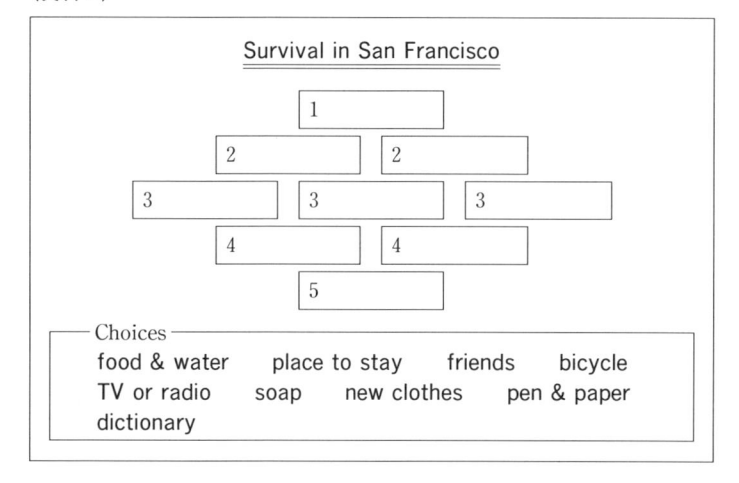

```
Survival in San Francisco
              ┌───┐
              │ 1 │
         ┌───┐└───┘┌───┐
         │ 2 │     │ 2 │
    ┌───┐└───┘┌───┐└───┘┌───┐
    │ 3 │     │ 3 │     │ 3 │
    └───┘┌───┐└───┘┌───┐└───┘
         │ 4 │     │ 4 │
         └───┘┌───┐└───┘
              │ 5 │
              └───┘

─ Choices ──────────────────────────────
  food & water   place to stay   friends   bicycle
  TV or radio    soap    new clothes    pen & paper
  dictionary
```

のうち1つの結論を出す。その後,教室の4隅のいずれかに移動する。

　質問1) Money is everything.

　質問2) Telling a lie is all right.

　質問3) I like to stay home rather than to go to school.

● **Lesson 14 "Survival"**

生徒はペアになり,その2人でサンフランシスコに旅行に来たが,残りあと10日間を残してお金が底をついたと仮定する。9つの選択肢の中で何を優先するか,2人で話し合い,優先順位を決定する(**資料9**)。

第2段階の最終授業(Lesson 14)の「3分間の自由会話」と「コミュニケーション活動」では,次のような生徒の会話が観察された。

▶ 3分間の自由会話の転写(生徒Aと生徒Kは「夏休み」について話している。)

生徒A：August,

生徒K：August,

生徒A：August 21st.

生徒K：Oh.

生徒A：From 21st to 29th.

生徒K：29. Ah-ha.

生徒A：About one week.

生徒K：I went to Aomori.

生徒A：Oh. Oh!

生徒K：Mm, August, and my family ... （聞こえない）

生徒A：Aomori? What do you do?

生徒K：Grandmother,

生徒A：Grandmother.

生徒K：Aomori.

生徒A：Grandmother's house?

▶コミュニケーション活動（生徒Eと生徒Gは無人島に何を持っていくかについて，「石鹸」から「新しい服」までの順位づけを行っている。）

生徒G：I need soap. Wash, body. Dirty.

生徒E：I'm a girl. Every day, ...

生徒G：Beautiful. （笑）

生徒E：Beautiful. （笑）

生徒G：Every day, dirty clothes.

生徒E：Wash, ocean. In ocean. Soap, in ocean. But no clothes, so wash.

生徒G：Cloth is dirty.

生徒E：What's "dirty"?

生徒G：「汚い」。"Wash body, body is beautiful. But cloth is

dirty.
生徒E：No, no, beautiful each other.
生徒G：（笑）
生徒E：（笑）

　表7は，第2段階のfield-noteをまとめた実践経過報告である。
表7

日付	Lesson	テーマ	自由会話	コミュニケーション活動	CS使用	備　考
5/28	Lesson 8	description, illustration	×	△	△	それまでのやり方と異なっていたので多少とまどっていたようだ。
6/5	Lesson 9	description	△	○	○	ほぼ全員が集中してタスクに取り組んでいた。
6/10	Lesson 10	description	○	◎	◎	タスクに取り組む際，CSsを使おうとしていた。誰も日本語を使わなかった。
6/11	Lesson 11	description	△	◎	◎	descriptionのタスクに飽きが生じたようだ。
6/18	Lesson 12	opinion-expressing	◎	△	△	自分の意見を言うことに興味を持ったようだ。

6/25	Lesson 13	Opinion-expressing	◎	○	◎	前の授業の影響で疲れていたようだが,活発に議論を戦わせていた。

「3分間の自由会話」では前の授業やさまざまな要因が影響しやすく,生徒の疲れが△となって現れている授業もある。同時に,飽きさせないようなテーマ設定の工夫も必要だ。全体としては3分間英語で会話を維持できるようになり,第2段階の目標は達成できたと言える。

「コミュニケーション活動」では,Lesson 12でそれまでのdescriptionからopinion-expressingに変わったため,生徒にとまどいが見られた。しかしdescriptionという限られたタスクに関しては,第2段階の目標を達成できた。

「CS使用」については,教師が指示した時はほぼ全員がTCSsを使えるようになっただけではなく,Lesson 14の生徒の会話の例からも明らかなように,普段の会話のやり取りやタスクに取り組む中で自発的にTCSsを使おうとする姿勢も見られるようになった。ここから,第2段階の目標を達成したと判断した。

8 結果の考察

1学期が終了する時点で,事前テストと同じ形式の事後テストを行った。これを事前テストの結果と比較することで,生徒がどのように変化し,どこまで年間目標に近づいたのかを分析した。

8-1 hesitationと方略的能力の変化

まず，ALTと話したときに，hesitationがどの程度なくなり，方略的能力がどの程度伸びているかを調べた。具体的には，hesitationは「8秒以上の沈黙の出現頻度」と「日本語の使用頻度」の2つのreduction behaviors，また，方略的能力は「TCSsの出現頻度」の変化で分析を行った。表8は，事前・事後のInterview Testで観察されたそれらの結果である。

表8

生徒	reduction behaviors				TCSsの出現頻度									
	8秒以上の長い沈黙		日本語使用		conversation starters		eye-contact		direct appeal		fillers		paraphrase & substitution	
	前	後	前	後	前	後	前	後	前	後	前	後	前	後
A	1	—	2	—	○	○	○	○	—	—	2	8	—	—
B	1	—	4	3	○	○	○	○	—	1	4	—	—	—
C	6	2	3	1	○	○	—	—	—	—	2	3	—	—
D	2	—	1	1	○	○	○	○	—	—	—	—	—	3
E	4	2	11	1	—	○	○	○	1	2	2	10	—	6
F	1	—	—	1	○	○	○	○	—	3	2	—	—	1
G	3	—	8	1	○	○	○	○	—	—	1	4	—	—
H	1	3	5	2	○	○	—	—	—	—	1	8	—	—
I	6	1	7	—	○	○	○	○	—	1	6	—	—	—
J	—	—	2	1	○	○	○	○	—	1	4	17	—	—
計	25	8	43	11	9	10	9	10	1	8	24	50	0	10
※	$p<.05$		$p<.05$		—		—		ns		ns		ns	

※統計的分析のためサイン検定を行った。

この表から，沈黙と日本語の使用は著しく減少し，事前テストでは見られなかったTCSsが少しずつ現れていることがわかる。

次の会話は，152〜154ページに示したものと同じ生徒のInterview Test の転写である。

ALT：How are you?
生徒：Fine, thank you. And you?
ALT：I'm doing pretty good.
生徒：Pretty girl? Thank you.
ALT：Did you sleep well last night?
生徒：Um, ... I, sleeping, um, all.
ALT：All? I don't understand.
生徒：I, I don't sleep.
ALT：Oh, you did not sleep. Why?
生徒：... Book, reading book.
ALT：You read a book all night?
生徒：And rice and juice.
ALT：Rice and juice? Is it the name of the book?
生徒：Shopping, wear, wear, and（聞こえない）and shoes.
ALT：Ah-ha. In the book.
生徒：え？
ALT：Last night. Did you sleep?
生徒：No.
ALT：No. You did not sleep. You read a book all night.
生徒：Yes.
ALT：What is the book about?
生徒：About, um, a girls' book.
ALT：Girls' book? What's the girls' book?
生徒：（笑）Mm, high school girls.
ALT：H'm, is it a story?
生徒：A picture, a picture is um high school girl.
ALT：Ah-ha, ah-ha. Is it an exciting book?

生徒 ：Yes.
ALT ：All right.
生徒 ：A, and , and tell, telling. （身振り）
ALT ：Telephone.
生徒 ：Telephone.
ALT ：Your boyfriend?
生徒 ：Yes, yes, and my friend, girls.
ALT ：O.K.　And what did you talk about all night?
生徒 ：Mm, I want to go festival, 花火.
ALT ：H'm, in Yokohama?
生徒 ：Yes.　And（聞こえない）schedule one friend, too.
ALT ：Wow, you're busy busy.
生徒 ：Yes.

この会話を事前テストの様子と比較すれば，未だコミュニケーションが不完全なものの，この生徒がどれだけ英語を話すようになったかがわかるであろう。「花火」などの特定の単語以外は日本語に依存していないし，その代わり，a girls' book, telling, festival といった substitution を使っている。また VTR からも，身振り手振りを使ったり，終始 eye-contact を絶やさないなど，積極的な姿勢が伺えた。明らかに，hesitation を克服し，方略的能力を向上させていると言える。

8-2　流暢さの変化

事後テストでも事前テスト同様，Speech　Test から speech rate を計測したところ，次ページの表9に見られるような変化が得られた。

表9

	全体平均	標準偏差	最低値	最高値
発話語数	55.5	36.7	20	127
発話に要した時間	1'55"09	—	0'49"01	4'50"86
speech rate（語／分）	24.1	8.0	9.4	39.3
speech rate の変化の割合（％）	+57.2**	—	+18.3	+233.3

※ speech rate の変化の割合（％）＝｛(事後テスト値)－(事前テスト値)｝／(事前テスト値)×100
※**：$p<.01$ レベルで統計的に有為であった変化(サイン・ランク検定)

事前テストでは平均16.5語／分だった speech rate が，事後テストでは平均24.5語／分に伸び，ほぼ全員が1分以上話すことができた。

次に，事前・事後テストの変化を示した分布グラフ（表10）と，154ページに事前テストで見た生徒の事後テストでの発話を転写したものを示す。ここからも，流暢さが伸びていることが明らかである。

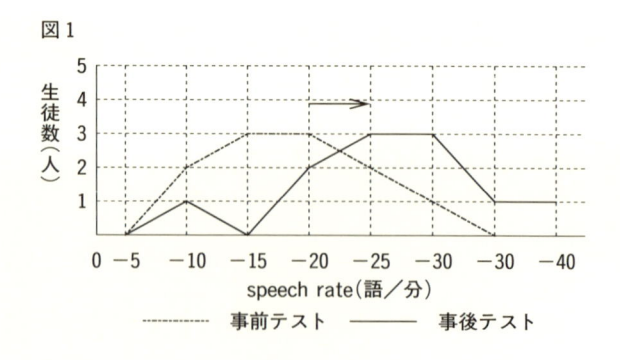

図1

（分布グラフ：横軸 speech rate（語／分） 0–5, –10, –15, –20, –25, –30, –30, –40；縦軸 生徒数（人）；事前テストと事後テストの比較）

My hobby is movie, music movie, and listening... listening

music. ... (約7秒間沈黙) ... I like, mm, ... (約10秒間沈黙) ... I like ... Michael J. Fox. "Back to the Future II." She, he is um nice guy and cute. He is ... (身振り) small, ... small. (身振り) [Small.] But he, um, he like, ... he looks like big. ... I like Dreams Come True. [Oh, me, too.] You, too. I like「未来予想図」and「忘れないで」, ...「うれしい！たのしい！大好き！」. ... And goes to Dreams Come True concert, concert. I enjoyed... but ... [but?] but ... I goes to, I not, I not I goes, I got no, I not goes to Dreams Come True concert. [This year?] This year. Because 中村正人, radi, radio, not this year.

この発話自体は，依然として非常にたどたどしいものである。が，事前テストと比べると，この生徒が，具体例を挙げつつより詳しく語ろうとしているのがわかる。沈黙も依然あるが，事前テストと比べるとその量は著しく減っている。

8-3 熟達度の変化

年間目標は，熟達度が「母語話者とコミュニケーションが取れる最低レベル（Level 5）に到達すること」であった。実際にはどの程度近づいたのだろうか。

事後テストでの熟達度は，事前テスト同様，ALTによるInterview Testから調査した。次ページに示す表11は，生徒全体の事前・事後テストの変化を示した分布グラフである。まだ目標のレベル5には達してはいないが，熟達度の全体平均は年度当初の1.7から2.5へ伸び，確実に向上していることがわかる。

図2

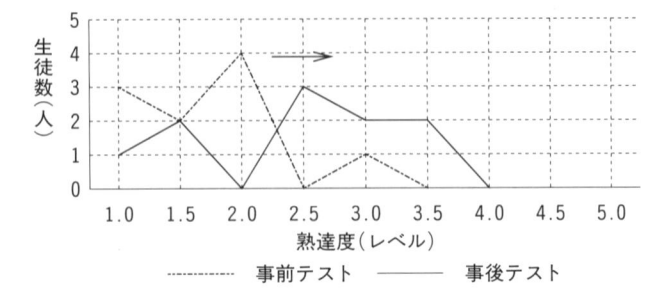

熟達度（レベル）
・・・・・・ 事前テスト　　　―― 事後テスト

以上，一連のデータ分析から，次のことが明らかになった。
(1) アクション・リサーチを始める前と比べて，生徒は hesitation を克服しつつあり，方略的能力も養われつつある。
(2) speech rate に見る限り，生徒の英語を話す流暢さは伸びている。
(3) ACTFL によると，生徒の熟達度は，年度目標に向かい着実に向上している。

8-4　事後アンケートの結果

これまでの分析結果はあくまでも生徒の英語の運用能力に関するものであるが，生徒自身の内面はどのように変化したのだろうか。事後テストと並行して事後アンケートを行い，「英語を話すこと」「わからなくなったときの対処方法」「英語母語話者への態度」の3点について，生徒の内面の変化を調べた。次に示すのがその調査結果である。

1）英語で話すことについての心理面の変化とその理由
○ プラス変化（好きになった）…9名

- 自分の言っていることが通じたから。(3)
- (授業が) 楽しいから。(3)
- 前より話せるようになったから。(2)
- 少しはわかるようになったから。(1)
- body language を使えば何とかなる。(1)
- 文法はなっていなくても通じる。(1)

● マイナス変化 (嫌いになった) …1名
- みんなできているのに，自分だけできないから嫌だ。

2) わからなくなったときの対処方法

○ プラス変化 (変わったと思う) …5名
- 黙らないで，間をつなげられるようになった。(2)
- 日本語を使わないようになった。(1)
- 他の言葉で言ってみるようになった。(1)
- 聞き返すことができた。(1)
- ちょっとずつ (進歩している)。(1)

△ 変化なし (変わっていないと思う) …5名
- すぐに日本語を使う癖はまだ直っていない。(1)
- 進歩していない。(1)

3) 英語母語話者に対する態度

○ プラス変化 (変わったと思う) …7名
- 少し自然になった。(1)
- 怖がらなくなった。(1)
- 緊張が取れた。(1)
- 積極的に話しかけられるようになった。(3)

△ 変化なし (変わっていないと思う) …4名
- (緊張で) まだあまり話せない。(1)

アンケートの結果から，1)「英語を話すことに対する心理面」

については，全体的に良い方向に変化していることがわかった。2）「わからなくなったときの対処方法」，3）「英語母語話者に対する態度」については，大きな変化は未だ見られないが，現在成長段階にあることを考えれば，見通しは明るいと言える。

このアンケートの結果から，問題点も明らかになった。

(1) 生徒の個人差への配慮

「英語を話すことについて」の項目で「嫌いになった」と答えた生徒が1名いたが，この生徒は唯一，熟達度の低下している生徒であった（1.5→1.0）。この生徒は，授業中の発話量の少なさから常に気になっていた生徒だが，本人との対話や他の教員との情報交換から，消極的なタイプの生徒だということがわかった。特にこの授業では，言語活動に加わるのが重荷だったようだ。このように，性格などの個人差に対してどのように対応するかが，第3段階に向けての課題となった。

(2) 言語的正確さへの配慮

同じく「英語を話すことについて」の項目で，「body language を使えば何とかなる」「文法はなっていなくても通じる」という言葉が見られた。これが行き過ぎると言語能力の化石化を招いたり，学習スタイルが固定化してしまう危険性がある。この授業内外で，生徒の間違った発話を適切な表現に修正する機会が必要である。

9 結論と新たなサイクルへ

このアクション・リサーチでは，初級レベルの日本の高校生が英語のスピーキング能力を高めるために有効な方策を探ってきた。これまでの成果を図示すると，次のようになる。

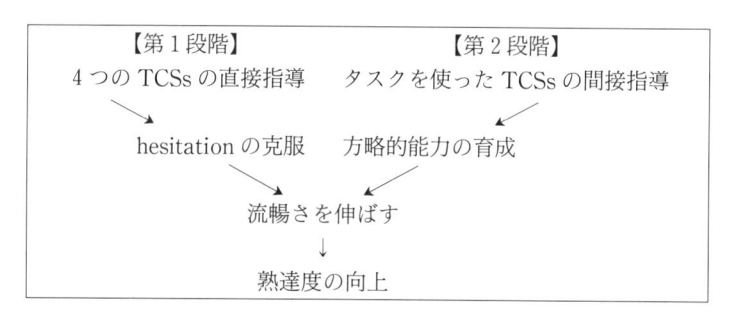

```
        【第1段階】              【第2段階】
     4つのTCSsの直接指導    タスクを使ったTCSsの間接指導
            ↓                        ↓
       hesitationの克服         方略的能力の育成
                      ↓
                  流暢さを伸ばす
                      ↓
                  熟達度の向上
```

2学期以降の授業では、第2段階の反省から、次の点に配慮しての第3段階を行っていくことになる。

(1) タスクの種類

第2段階ではdescriptionのタスクを中心に与えてきたが、これをillustration, story-telling, opinion-expressingといったさまざまなタスクに広げて与えていく必要がある。

(2) 生徒の個人差

競争的な言語活動よりも協力的な言語活動を多く取り入れたり、ペア・ワークの際のパートナーのバランスを考慮するなどして、内向的な生徒も参加しやすい授業を考えていく必要がある。

(3) 言語的正確さ

文法的な間違いを訂正したり、語彙を増やす機会を設けて、これを補っていく必要がある。週2回という限られた時間では全てを網羅することができないため、他の英語教師との連絡を密にしていきたい。

*

以上のアクション・リサーチの結果は、他の学校現場での授業を考える際にも参考になるだろう。CSsを直接的・間接的に指導することは、生徒のhesitationを克服し、方略的能力を育成

し，流暢さを高め，最終的に熟達度を向上させていくのに，意味のある指導法の1つとして提案できる。また，初級レベルの生徒に対して提示する TCSs の選択も，適切であったと考えられる。ただし，この結論は，筆者の持つクラスが12名（データとしては10名）という小規模クラスであったことなど，ある限定された空間で得られたものであることを忘れてはならない。ここまでの結論を一般化するためには，さまざまなコンテクストでの他のアクション・リサーチの結果を待たなければならない。

アクション・リサーチは，教室内の教師の行動を改善するのみならず，教師研修の一環としても有効である（Nunan, 1993）とされているので，筆者自身がリサーチを通して，教師としてどのような点に変化を感じたかを述べたい。

まず，自分自身の指導技術の向上という点である。授業は，生徒にとってだけでなく，自分自身にとっても英語運用能力を高める機会となった。また，VTR の活用により，自分自身の授業を客観的に見ることができた。授業を観察した同僚たちからのコメントも，授業を改善していく上で欠かせないものであった。

次に，生徒からフィードバックを得ることの重要さに気づいた点である。以前は，生徒の考えを自分の授業に反映させることはほとんどなかったし，生徒から送られてくる信号に対して無関心だったように思う。授業内のみならず，休み時間や帰り道での生徒とのやり取りも，自分自身をふり返る材料になった。そして反省するたびに，生徒の成長は自分自身の成長なのだ，ということに気づかされた。

アクション・リサーチを行うことで，自分がそれまで，思いつきでひとりよがりな授業を行ったり，流行の指導法に左右されて実際は生徒の顔をよく見ていなかった，ということに気がついた。リサーチに取り組んだこの1学期間は，教室で何が起こっている

かということから目をそらさず，生徒の声に耳を傾けるという，最も根本的な教育の基本を意識化する過程であった。

（なお，この論文は横浜国立大学大学院教育学研究科英語教育学専攻修士論文(Ukita, 1998)を和訳し修正を加えたものである。）

7 授業研究の変遷と今後の展望

1 授業研究の歴史

　前章まで，アクション・リサーチの目的と意義，研究方法，そして具体例を見てきた。アクション・リサーチは，目標達成までの過程を重視した長期的・継続的な研究方法である。学習者と教師との人間関係を支柱として，授業に反省と実践を繰り返し加えることによって，教育現場の抱える諸問題を解決する方法として注目されている。この章では，授業研究の視点から，研究対象について整理・確認した上で，研究方法の推移を考察していく。具体的には，日本で行われてきた英語教育の授業研究を歴史的にふり返りながら，なぜアクション・リサーチが注目を浴びるようになってきたのかを見ていくことにしよう。

1-1 授業研究の対象

　授業を構成するものは，学習者と教師，授業に用いる教材や教具，指導法，シラバスやカリキュラムを含めた授業過程である。
① **学習者の研究**：授業時間内の学習者の活動，動機・性格・適性・能力差・個人差などの心理的側面，社会文化的側面，認知スタイルや発達，学習方策などの諸研究。

② **教師の研究**：授業時間内の教師の行動（学習者への指示の出し方やフィードバックの方法），授業設計や授業運営，外国人講師(ALT)との関わりなどの研究。
③ **教材・教具の研究**：教科書の効果的な使い方，教材の開発・選択・使用法，辞書の扱い方，練習問題の作成や提示方法，テープ・ビデオ・コンピュータなどの教具の活用法の研究。
④ **授業過程の研究**：授業の中で，指示・練習・活動などをどのくらいの割合で配置するか，4技能（Listening, Speaking, Reading, Writing)の効果的な指導法と評価法，年間指導計画に基づく単元の扱いなどに関わる諸研究。

これらをまとめると次のようになる。

研究対象	学習者	教師	教材・教具	授業過程
具体的な研究内容	適性，年齢，性格，動機，興味，関心，学習方策，能力差，個人差，認知スタイル，コミュニケーション方策，帰国子女，社会文化的要素，教師との人間関係	教員養成，ALT，ミニマム・エッセンシャルズ，教授行動，授業設計，授業運営，学習者との人間関係	音声，発音，文法，文字，語彙，文体，コミュニケーション，4技能，異文化理解の教材，教具の使用，教科書，ワークブック	カリキュラム構成，教科目標，教授法・指導法，指導計画，授業形態，評価・テスト，学習形態，誤りのとらえ方，流暢さ，正確さ

1-2 研究方法の推移

　教育の目標は，時代や社会の要請により変化する流動的なものである。それは，その時代の教育思想に基づいた，教師像や学習

者像，教育理念に根ざしているからである。英語教育の目標も，西欧の文化・思想の移入といった教養目的から，国際化に対応した実用目的へと価値が推移してきた。それを受けて，授業研究も，学習者が一途に学んだ時代から，授業を科学的に解明し，効果的，合理的に進めようとする研究に変わってきた。また，その方法も，言語学，心理学，社会学，生理学，文化人類学，認知科学など，その時代の学問の水準や広がりに大きく影響を受け，理論的に発達してきている。この節では，日本の授業研究を歴史的にふり返り，現在までの変遷を見てみよう。

(1) 明治—大正時代

欧米では，個人主義の系譜から，教室は教師の城のような空間という意識が強かったが，1950年代になって，行動主義心理学理論の応用例として授業分析がさかんに行われるようになった。それに対して，日本では，すでに明治時代から授業研究が行われ，特に師範学校や新制教育学部附属機関では，授業記録，研究授業記録，授業改善報告などが数多く残されている。「日本の先生は教育熱心だ」と海外から評されるのも，こうした地道な努力を讃えたものである。

明治維新以降，日本は富国強兵と文明開化を掲げ，欧米先進国の技術や学問を取り入れ，近代国家を目指すことが急務とされた。そのため，欧米の文献を正確に解読して，文明の実体を知る必要に迫られたのである。外国語研究に求められたものは，訳読技術の確立であり，訳読に必要な構文と文法，イディオムの知識であった。当時は，教授法についての議論，教育論争などの余裕はなく，新しい文化を取り入れ，吸収しようとする時代であった。

1881年には，学校令により，正規の授業として，中等・高等学校教育に英語が取り入れられ，正確な和訳を目的とした英語教育

が行われるようになった。指導法の確立を目指す試みが，国家と師範学校を中心に行われ，授業の構成，正確な和訳に必要な文法や構文の知識，といった研究がさかんに行われた。こうして，訳読式授業の標準的な「型」（前時間の復習―教授―演習―評価）に関する意識が芽生え，訳読法の指導技術が築かれた。しかし，日本語に置き換えての直訳は，「読める」錯覚を学習者に持たせ，意味不明な英文和訳がまかり通った時代でもあった。

大正11年（1922年），ハロルド・E・パーマー（Harold E. Palmer）が，文部省語学教育顧問としてイギリスから来日した。日本の英語教育は，30年遅れていると言われ，音声面を重視するオーラル・メソッド（Oral Method）を取り入れるための研究が進められた。パーマーの口頭教授法は，イェスペルセン（Otto Jespersen），スウィート（Henry Sweet），ソシュール（Ferdinand de Saussure）の文法理論（prescriptive grammar）や音声・音韻理論（phonetics/phonology）と，彼自身の外国語獲得に関する基礎理論に基づいた，科学的な指導法の確立を目指すものであった（Palmer, 1924）。パーマーの考案した指導法は，音声から入り，正確な発音方法と，組織的な練習を重視していく方法であった。理論に基づいた指導法を，教師の実践を通して洗練し，より理論を深めていく授業研究が行われた。しかし，訳読による英語教育が推進される中で，音声の重要性と必要性を説くパーマーの新しい理論や教授法は，日本人教師に，英語が堪能であることを条件とした。当時の日本人教師の中には賛否両論があり，広く普及するまでには至らなかった。現在，パーマーの主張した音声重視の態度は，英語教育の中で重要な一点を示している。

(2) 昭和―現在

(i) 相互作用分析 (Interaction Analysis)

1930年頃から,欧米では,従来の直観や主観に基づく経験主義的学問から,客観性を追究する「科学的」な学問へと移り変わり,行動主義の全盛期を迎えていた。授業研究における行動主義は,行動心理学理論の応用として,客観的に授業を観察し,正確に記述し分析を加えることを目的とした。華々しく登場したオーラル・アプローチ(Oral Approach)は,構造主義言語学と行動主義心理学の理論に基づいた「科学的な指導法」として,日本の英語教育にも多大な影響を与えた。オーラル・アプローチは,習慣形成を外国語教育の目的に掲げ,口頭による文型練習を繰り返すものである。この練習は,クラスの学習活動を活発にはしたが,伝達機能のための「話す」という言葉の使い方ではなく,機械的な反復練習であった。

このオーラル・アプローチによる授業の分析に用いられた方法は,相互作用分析法である。相互作用分析は,教師と学習者の発話量や種類,機能を分析する手法である。授業をビデオに撮り,教師と学習者の発話を正確に文字に起こし,一文単位,あるいは時間軸上に区切った上で,カテゴリーに分類して,カテゴリーの出現率を集計する。例えば,経験を積んだ熟練教師は,学習者に対する働きかけや,学習者の自主的な反応の割合の上昇が見られるが,教育実習生や経験の浅い教師は,説明・解説・指示の割合が高いなどの結果が,そこから得られることになる。

① モスコウィッツの相互作用分析

モスコウィッツ(G. Moskowitz, 1971)は,フランダース(N. A. Flanders, 1970)の10のカテゴリー(FIAC; Flanders' Interaction Analysis Categories)を再検討し,英語科の授業を分析するためにより適したカテゴリー(FLINT; Foreign Language Interaction)を開発した。フランダースは，教師の発言数の割合が高い教師主導の授業より，教師の影響が間接的で，学習者の自主的な発話が主体となっている授業の方がより効果的であると主張している。このカテゴリーは，どの科目の授業の分析にも用いるためのものであるが，モスコウィッツのカテゴリーは，英語授業のみに見られる要素，例えば，リスニング活動，反復練習，母語の使用などを取り入れたものとなっている。モスコウィッツは，良い英語科授業はどのような要素から成り立っているのかを研究し，12のカテゴリーを提案している(Moskowitz, 1971)。このカテゴリーをもとに，英語授業内の教師と学習者の発話数に基づいて活動の割合を分析し，教師自身に教授行動を評価させ，教授行動の重要性に注意を向けることを通し，より良い授業へ改善するための手がかりとすることを目的としている。

教師の発言（間接的影響） ―応答	1 ：感情・態度の受容 2 ：称賛・激励 2a：冗談 3 ：アイディアの受容・使用 3a：学習者の発言のくり返し 4 ：発問
教師の発言（直接的影響） ―指導	5 ：講義・説明 5a：間接的な訂正 6 ：指示・方向づけ 6a：文型練習 7 ：批判・正当化 7a：誤りの明示的な訂正
学習者の発言	8 ：単純応答 8a：一斉練習・音読 9 ：自主的発言
沈黙	10 ：沈黙・ポーズ 10a：テープやビデオの聞き取り

混乱，記録不能状態	11 ：複数の学習者が参加 11a:完全なカオス状態
歓喜の表現	12 ：英語による笑い 12a:非言語的な反応

② アレン他の相互作用分析

　オーラル・アプローチの練習は，クラスの学習活動を一見，活発にはしたが，習慣化されたはずの文型が，実際のコミュニケーションでは全く役に立たず，一世を風靡したこのアプローチも下火となっていった。1980年代からのコミュニケーション能力向上を目指した外国語教育が世界的に推進される中で，教育法の確立と評価を目標とする分析法が必要になってきた。アレン他(P. Allen et al., 1984)は，コミュニケーション活動を重視する英語の授業を分析するための新しいカテゴリー(COLT; Communicative Orientation of Language Teaching)を開発した。モスコウィッツのカテゴリーでは，教師と学習者の発話のみに焦点が当てられていたが，アレン他のカテゴリーでは，授業の内容にまで踏み込んだ緻密なものになっている。授業内容を詳しく分類すると同時に，さらに，コミュニケーション活動にも焦点を絞り，細かく分析できるようになっている(Allen et al., 1984)。アレン他のカテゴリーを用いることにより，教師を中心とした訳読的な授業か，コミュニケーション活動を目指した授業なのかをはっきり区別することができる。英語の授業で用いられるさまざまな活動を以下のような項目ごとに分類し，教師と学習者の活動の割合を細かく分析することを目的としている。

　Part A：教室でのできごと
　Ⅰ．活動の記述
　Ⅱ．授業構成

A．授業全体の構成　① 教師の発言，② 学習者の発言，③ 一斉練習
　　B．グループ学習　① 同一の課題，② 個別の課題
　　C．学習者個人の学習
　　D．BとCの混合
Ⅲ．授業内容
　　A．運営・進行　① 方法の説明や指示，② 注意や叱責
　　B．外国語の説明　① 形式，② 機能，③ 談話，④ 社会文化的要素
　　C．その他の活動　① 挨拶・出欠確認，② ショート・トーク，③ 議論や意見
　　D．主題の設定
Ⅳ．学習者の活動（読解・聴解・会話・作文など）
Ⅴ．教材・教具
　　A．種類　① 読み物　ⅰ 単文，ⅱ 物語，② 聴覚教材，③ 視覚教材
　　B．ソース　① 付属教材，② 付属教材以外
　　C．使用法　① 単一目的，② 複数目的

Part B：コミュニケーションの要素

Ⅰ．目標言語の使用
　　A．母語の使用
　　B．外国語の使用
Ⅱ．インフォメーション・ギャップ
　　A．情報要求　① タスク，② 実際に必要
　　B．情報提供　① 予期可能，② 予期不可能
Ⅲ．会話練習
　　A．1語
　　B．1文・1節

C．2文以上
　Ⅳ．教師の反応
　Ⅴ．対応・訂正
　　A．フィードバックなし
　　B．反復
　　C．言い換え・置き換え
　　D．コメント・意見の表明
　　E．拡張・情報提供の指示
　Ⅵ．学習者の自主的発話
　Ⅶ．言語活動の種類
　　A．変形などの練習
　　B．簡単な応答練習
　　C．自由発話，発表

③ 相互作用分析の限界

　相互作用分析は，主に教員養成と実践の場への情報提供を目的として開発されてきた(Allwright & Bailey, 1991)。そのため，将来教職に就くことを目指す学生に，良い授業の構成や展開をイメージさせる働きを持っている。ここで問題となってくるのは，フランダース，モスコウィッツ，アレン他が「良い」としている教師と学習者の発話分布や分析用項目が，授業の実態を根本からとらえるのに適しているかという点である。事実，1970年代から1980年代にかけて，カテゴリーの妥当性について，欧米(Simon & Boyer, 1974の99のカテゴリーシステムは有名)だけではなく，日本国内においても活発な論議が行われ，田崎(1978)，山田(1983)などが，日本の英語教育用のカテゴリーを提案している(金田編著, 1986)。しかし，相互作用分析により，良い授業のイメージをつかむことはできるが，

　1）カテゴリー作成者の授業観が全面に現れ，それを満たすか

否かで良い授業か悪い授業かが判断されてしまう。
2) コミュニケーション活動は，授業時間中37％を占めたとは記述できても，具体的な活動内容には注意が向けられにくい。
3) 分析の対象は，発話など外に現れた行動のみに限られ，学習者が何を考えているか，何を学習しているか見えてこない。

などの限界がある。(なお，具体的な相互作用分析方法については，米山・佐野(1983)，金田編著(1986)，Allwright & Bailey (1991)を参照。) さらに，客観性を追究し，数値処理に価値を置く自然科学的手法が，人間の行動を分析する上で必要十分かという疑問が投げかけられた。フィールド・ワークによって文化・社会・言語を記述する文化人類学者達は，観察による記録もまた科学であると，参加観察法の立場を主張するようになった。

(ii) 参加観察法 (Observational Method)

参加観察法は，相互作用分析がカテゴリーを利用して良い授業の要件を満たしていたのかを判定することに対して，実際に授業に参加する中で，観察したことやその授業の特徴を細かく記述していく方法である。この方法では，用意されたカテゴリーに影響されない点で，研究者が授業で実際に起こっていることを先入観や検証すべき仮説を設けず，ありのまま自由に記述できる利点がある。文化人類学的手法(Anthropological Approach)とも呼ばれ，欧米では van Lier(1988)，日本では川喜多(1967, 1970)により考案された。特に，川喜多氏による KJ 法は，メモのとり方・分類方法，文章化を筋道立てて示した体系的な方法として，多くの教職課程で紹介されてきた。参加観察法は，教室の実状に即した独自の分析ができる可能性はあるが，突然授業に飛び込んで記述するには，熟練が必要となってくる。また，外部の研究者が単発的に授業に参加して，教師や学習者の様子，授業全体の印象を記

述していくので，漠然とした感想の表明に陥りやすく，事後報告的な分析となりがちである。

(iii) 現場主導の授業研究

1970年代からのフランダースやモスコウィッツらの「科学的な」相互作用分析法を取り入れた授業研究とは一線を画する形で，現場の教師を中心とした授業研究がさかんに行われてきた。優れた教育実践家であり文筆家の斎藤喜博氏，斎藤氏の実践を解説し，教育現場に広めた向山洋一氏による取り組みである。これらは民間教育運動，法則化運動として，現在もさかんな活動である。日々の教育活動に実際に携わる教師が中心となり，より良い授業を目指す取り組みとして，大切な位置を占めている。指導技術の向上を図るため，さまざまなアイディアを出し合い，効果的な指導法を提案することを目的としている。英語教育でも，「英語授業上達講座」「英語授業法則化セミナー」などが，全国各地で活発に行われたり，隈部(1992)などの著書もある。大学や研究所の「専門家」によるトップダウン方式から脱却し，教室での体験に基づき，教師自らが指導技術の向上を図ろうとするのがこのグループの特徴である。教師が主体的に研究を推進することは大変意義のあることだが，単なる経験主義に頼らず，科学的分析を経て，教科教育学理論まで高めることが望まれる。

(iv) アクション・リサーチの登場

欧米でも1990年代に入り，教師が授業をふり返り，自身の内観や内省を大切にする反省的研究がさかんになった(Edge & Richards, 1993, Richards & Lockhart, 1994)。これは，授業を実際に行っている教師が授業研究者となることを目指している。アクション・リサーチは，その理論的・方法論的サポートを行うこと

を目的として考案された研究法である。イギリスで提唱され，教師自らが，自分の担当クラスで指導技術を向上させるための研究法である。例えば，自分の学習者にあった，手作りのリスニングの指導法を考案するとしよう。まず，単語レベルの聞き取り活動を行い，次に，3〜5語程度の単文に慣れさせる。最後に，段落・長文へと発展させていく計画を立てる。この計画に基づいて，授業を展開していく中で直面する問題，例えば，聞き取りやすい音と全く聞き取れない音があった（l と r，s と th など），句になると音連続がわからなくなった（an apple を「アナポー」と聞き，パイナップルと解釈した），パラグラフを一気に聞かせたら，放心状態・理解不能な学習者が続出した，などなどを1つ1つ克服するために，試行錯誤を行う。このように長期的・継続的な経過に注目していく方法である。アクション・リサーチは，従来の1回限りで結果偏重の分析に比べて，経過や過程を重視した研究法と言える（浅田他，1998）。前章までに述べてきたように，最終目的に到達するまでのステップを大切にし，長期的，継続的に研究を進めていく方法で，指導技術の向上や，教師と学習者との相関関係を大切にする研究法である。

2 授業研究の現在と展望

　授業研究の最も大切な目的は，授業の質（Quality）が向上し，学習者の学習を助けることにある。「今までの授業研究は，その場限りの授業研究のための研究」（安彦, 1983）で，「アフォリズム（aphorism：深い真理を巧みに表現した金言，警句，格言）を散りばめたに留まっているものが多い」（河野, 1989）という批判がある。また，水越(1987)，Ur(1996)などの教育学者は，コンピュータや各種記録分析機器が氾濫しているにもかかわらず，授

業改善に直接結びつく提案は少なく，教師の要望に応える研究が不足していると指摘している。この節では，現在普及している授業研究の方法と分析方法について概観した上で，授業研究の結果をどのように生かし，指導技術を向上させるか考察していくことにしよう。

2-1 授業研究法

教室で実際に行われている授業研究の方法は，授業をあるがまま分析する［−コントロール］か，あるいは，統制を加える［＋コントロール］か，また，教師が，特別な働きかけを行わない［−トリートメント］か，あるいは，働きかけを行う［＋トリートメント］か，という4種類に大別できる。この4つの視点から実験的研究法，相互作用分析，参加観察法，アクション・リサーチを展望してみる。

実験的研究法は，人数・学力・年齢などの要因(変数)が同じになるように教室を統制する必要がある。また，調査したい内容を働きかけるための実験群と働きかけを行わない統制群を用意するので［＋コントロール］，調査したい内容を働きかけるので［＋トリートメント］となる。例えば，新しい指導法の効果を確かめるため，全てのクラスの学力分布が等しくなるように操作した上で，1組と2組には従来の方法で，3組と4組には新しい指導法で教え，成績の伸びの差を比較検討する研究である。この調査では，全く同じ教材と練習問題を用いて，等しい時間配分で指導法のみを変えるので，綿密な準備が必要である。実験の結果は，数値的に処理され，実験群と統制群の間に有意な差が生じたかを統計的に検定する。ここで注目されるのは，働きかけと結果との関係である。つまり，あるトリートメントを加えることで，結果の

変化を数値的に示すことである。

相互作用分析は，あらかじめ用意されたカテゴリーに従って体系的に観察する点で［＋コントロール］，授業自体には手を加えないことから［－トリートメント］となる。前節で見たように，教師の1時間内の行動を分析する場合に用いる。現在，この手法で注目されているのは，教室内の談話研究である。教師や生徒の発する言葉を録音し，それを文字に起こすことによって，特定のパターンを発見したり，教室外の言語交渉と比較することで，特徴を見つけ出すなどの研究である。

参加観察法のように，授業をありのままに記述していく研究方法では，研究対象を統制する必要はない。授業の姿を観察し，観察者は働きかけを行わないので［－コントロール，－トリートメント］となる。また，生徒の実態把握のために，アンケートなどを配布して調査する場合もこのグループに入る。

アクション・リサーチの場合は，教師が担当するクラスの授業活動の中で，日々学習者に働きかけ，効果を観察していく。自分の教えているクラスで，手を加えることなく調査するので［－コントロール］，効果的な指導法を追究する，あるいは最終目標を目指してステップを踏んで働きかけるので［＋トリートメント］となる。アクション・リサーチの場合は，アンケートやインタビューも活用するので，結果を解釈する上で2通りの手法が考えられる。1つは，結果の傾向を探るために分類を行い，数値としてまとめ，傾向を見たり，働きかけの前後の差を統計的に調べる。一方，少数意見を尊重し，次のステップに生かすために，改善を求める意見や否定的な結果の内容に注目して，結果を数量的には処理せず，そのまま内容の検討を行う。

以上の調査方法の分類をまとめると，次のようになる。

	＋トリートメント	－トリートメント
＋コントロール	実験的研究	相互作用分析
－コントロール	アクション・リサーチ	参加観察法(KJ法)

2-2 授業研究の分析方法

(1) 量的分析

　量的分析は，トリートメントの前後で差が生じたかどうかを統計的に検定する。例えば，パソコンに搭載された表計算ソフトEXCELなどを使って，トリートメントの前と後での点数を比較するのであればt検定，アンケート結果の比較であればカイ2乗検定を行ったり，複数の要因を含めて検定したいのであれば，分散分析を行う。また，リスニングとスピーキングの能力に相関があるかなどは，ピアソンの積率相関係数を算出して検定する。

　ここで注意することは，処理を行う段階で便宜上ラベルづけした数字を，通常の数値と取り違えて，平均したり割ったりしてはならない。例えば，数字の意味していることを取り違える例として，アンケートの項目「この授業はわかりやすかったですか」に対して，「Ⅰ：良くわかった」と20名が答え，「Ⅱ：わかりにくかった」と10名が答えたとして，この結果を平均し，「(20＋10)÷2＝15」と報告するものである。この15という数字の意味を，ⅠとⅡの中間だから，平均15名が「この授業は普通であった」と解釈する誤りである。しかし，この結果の解釈は，学習者合計30名中，20名(67%)がその授業を評価する一方，10名(33%)が支持していないということを示すのみで，平均値を求めるべきではない。量的分析は，客観性を重んじ，一般性の高い結果を導き出すために用いられるため，現場で効果のある指導法を提案できる可

能性がある。しかし，教室にはさまざまな要素が混在し，完全な統制は難しいのが現実である。

(2) 質的分析

　質的分析は，学習者の反応をありのまま受けとめ，検討を行う方法である。代表的なものは，KJ法の結果分析方法である。KJ法は，授業を参観しながら，気がついたことを1つずつカードに記入していき，観察の後，カードをキーワードと文体を手がかりに分類する。例えば，「先生は早口だ」「先生は学習者の英語に何もコメントしない」とあれば，「先生」をキーワードとして集めてから，英語についての記述，授業運営上の問題，学習者との関係などの見出しをつけて区分する。こうして系統別に文章化することで，授業の特徴を網羅する。アクション・リサーチのインタビューやアンケートなどの結果も，このように系統別に記述し，自分の授業の特徴を反省することができる。質的分析は，量的分析ではとらえられなかったさまざまな要素を取り込んだきめの細かい分析を保証するものであり，教室の状況を適確にとらえ，量的分析を補うものである。

　研究方法と分析方法の関係をまとめると，以下のようになる。

	量的な研究法	質的な研究法
量的分析	結果の統計処理	アンケートなどの傾向
質的分析	数値の質的解釈	インタビューや日記

2-3　授業研究の手順

　次に，以上で概観した研究法と分析法の，具体的な手順を見ていくことにしよう。

(1) **量的研究法**

　量的研究法は，主に応用言語学者が，理論や仮説を検証するために用いる手法である。例えば，「ライティングの指導は，日本語でまず書きたい内容を整理させてから英訳を行うことが効果的である」との日本語整理法を提唱したいとする。量的研究を行うには，まず実験計画を立てることから始める。学力分布が等しい，同人数のクラスを2つ用意する。次に，Aクラスには，検証したい働きかけを行う。Bクラスには，何ら働きかけを行わない。同時間内に，同じトピックについて（夏の思い出など），Aクラスでは書きたい要点を日本語で整理するように指示し，内容がまとまってからライティングをさせる。Bクラスでは指示を出さない。2つのクラスの答案を，語数，段落構成，英文の正確さなどで評価づけしてから，成績を比較する。実験結果は，数値的に処理し，統計を用いて，差を検定した後，効果を判定する。

　しかし，1回限りの実験で結論づけてよいか，ライティングの評価法は妥当なものか，Bクラスの学習者には，日本語での整理は明示しなくとも，彼らもまた無意識に行っているのではないか，学習者の生理的状態は同じか（あるクラスは水泳の授業後，あるクラスは1時間目に調査した），教師が効果的と考える方の指導法に対する思い入れが強く，授業展開に力がこもり，良い成績となるピグマリオン効果(Pygmalion Effect)を生んではいないか，など，さまざまな要因が作用して結果に反映されているかもしれないのである。数値的な差異のみに目が奪われて，提案したい仮説を正当化する恐れがある。

(2) **質的研究法**

　質的研究法で日本語整理法を検証するにはどのようにすればよいだろうか。質的研究の場合は，統制を加える必要はない。自分

のクラスの生徒に,「夏休みの思い出について20分で書いて下さい」とだけ指示してライティングをさせる。次の時間には,「修学旅行の思い出について,まず書きたいことを日本語で整理してから書き始めて下さい」と指示し,具体的な整理方法を例示する。教師は,生徒のライティングの様子を細かく観察する。授業の後,生徒にアンケートやインタビューを行って,日本語整理法についての意見や感想を求める。生徒の中には,この方法を評価する一方,「あまり変わらない」「英訳問題みたいで嫌だ」といった,否定的な反応もあるかもしれない。なぜ,生徒により効果が違うのか,生徒の性格や学力と関係があるのか,国語の成績と関係があるのか,など考えを巡らせた後,日本語整理法の効果を提唱する。

　しかし,こうした研究は,客観性に乏しく,一般性が薄くなる恐れがある。「日本語整理法は有効である」と主張するには,数値でその正当性が示されるよりインパクトが薄く,経験的事実の表明に偏り,研究としては評価されにくい。

　両研究手順をまとめると,次の通りである。

量的研究法の手順	質的分析の手順
1. 仮説設定 　「AはBより効果的だ」 　「AをすればBになるはずだ」 2. 実験準備 　（実験対象の選定と統制,実験内容や手順の特定） 3. 実験開始 　（変数の統制,計画の忠実な実行） 4. 結果分析 　（結果の得点化,統計処理） 5. 結果考察	1. 調査項目の設定 2. 調査事項の正確で忠実な記述 3. 事実の分類と分析 　（事象の頻度・程度・期間・強さ,原因と結果の関係,事象を取り巻く文脈,予想外の事象の理由の考察） 4. 主張に沿って整理 　（時間軸上,因果関係などに着目し,過程と経過を示す） 5. 全体的な考察

3 指導技術の向上

英語教育における授業研究は,教育目標の変化,それに応じた指導内容,および指導法の変更に従って変わってきた。この節では,現在推進されているCommunicative Language Teaching (CLT)と文法指導との関わりで,授業研究の結果をどのように生かし,指導技術を高めていくか,具体的に見ていくことにする。さらに,小学校での英語教育を含めた一貫性のあるカリキュラムをどのように編成するか考察しよう。

3-1 Communicative Language Teaching(CLT)とアクション・リサーチ

1980年代,ヨーロッパでは,文化・政治・経済などの交流や移民・外国人労働者などの人的交流がさかんになり,コミュニケーションの手段として,外国語能力の必要性が高まった。Communicative Language Teaching(CLT)は,最低必要限度(threshold level)の意思伝達能力を保証するために提唱された指導法である。具体的には,

(1) 実際のコミュニケーションに直結する活動
(2) 具体的な場面を設定した意味交渉(negotiation of meaning)
(3) 学習者が中心の体験学習
(4) 言語形式の正確さより,言語使用の流暢さを目標とし,誤りには柔軟に対応すること

を目的としている。日本でも,国際化時代の要請で,CLTを取り入れ,相手の伝えたいことを受信し,自分の意思を発信するための意思疎通に必要な英語力の育成を目指すべきだと主張されてきた。特に,今回の学習指導要領の改訂で,「実践的コミュニ

ケーション能力」がクローズアップされ，英語教育の目標は今まで以上に，「初歩的な技能の定着」から，「使える英語の力の育成」へと比重が移ってきた。

　CLT は，言語の伝達機能と，コミュニケーション能力に焦点を当てた指導法である。会話を，意思疎通のための共同作業（Grice, 1975），あるいは，自分と関係のある情報の収集活動（Sperber & Wilson, 1986）ととらえた理論を背景としている。これは従来の訳読法を否定し，文法的な正確さ（accuracy）より流暢さ（fluency）を重んじるもので，教師の価値観に180度の転換を求めるものであった。正確な和訳に目的を見出してきた伝統的な英語教師にとって，CLT は大きな課題をもたらした。

　新しい指導要領で重視される技能は，主に聞く・話す能力である。これは，長期的な計画を立て，ステップを踏んで獲得していくものである。訳読を中心とした従来の英語教育では見落とされてきた技術である。したがって，現場で受け継がれた経験の蓄積が存在せず，教師が試行錯誤を繰り返しながら，指導法を確立するしかない。つまり，英語を外国語として学ぶ日本人に適した指導法開発には，長期的・継続的に効果を確認しながら研究を進めていく必要がある。短期的な実験的研究や参加観察法では，直接指導技術の確立にはつながりにくく，アクション・リサーチが適していると考えられる。本書4〜6章の具体例からもわかるように，聞く・話す能力をつけるには，到達可能な小目標をクリアしていく形が適している。

　では，学習者に求められている聞く・話す能力とは何か。それは，相手の伝えたいことを正確に理解し，自分の意思を確実に表現できる能力である。聞く力は，理解不可能な音の連続から，次第に語彙やフレーズを頼りに意味を推測できるようになり，1文ごとの意味がとらえられ，文法規則が築かれていく（N. Ellis,

1996)。話す力も,語彙やフレーズレベルの応答から,次第に文へと拡張していく。長期的な練習や訓練,外国語体験に基づいて能力が向上していくので,短時間で効果を得ることは不可能なことである。

アクション・リサーチは,「コミュニケーション能力を高める」という漠然とした目標を具体化して,効果を確認しながら自分の指導法を見直すことができる研究法である。CLTの指導法を見出す上で,画期的な研究・分析方法であると思われる。

3-2 文法指導と授業研究

(1) 文法指導の現状

コミュニケーション能力向上のための指導法確立に悩む教師が多いと同時に,効果的な文法指導法はないのかとの要望もよく聞かれる。明治以来,連綿と受け継がれてきた文法指導法が,現在の聞く・話すための文法指導と遊離しているため,コミュニケーション志向の英語教育には対応できないのである。

この悩みに応えるには,応用言語学的知見を教育現場にわかりやすい形で提起する必要がある。こうした研究は,教師からの要望があるのにもかかわらず,「外国語教育はコミュニケーション」という流れの中で埋没してしまい,軽視されがちであった。それは,言語を支えているものは言語構造であるという,言語教育の根幹を忘れたものである。アメリカでは,1990年代後半になり,CLT推進者達は,'Focus on form'を合言葉に,文法回帰へと動き始めた。学習者に自然なインプットを大量に与えておけば英語を習得するとして,文法指導を軽視したため,英語学習者のコミュニケーション能力が思うように伸びず,反省したためである。

日本では,文法に軸を据えたカリキュラム編成を維持しており,

'Focus on form' は改めて唱える必要はないが，現在の文法指導法が学習者にとって効果的ではないのはなぜか。

例えば，ある名物教師による受動態導入の研究授業を見てみよう。教師は，学習者の注意を引くために，

'Hi! I open the door!'

と颯爽と登場した。生徒には，

'The door is opened by the teacher.'

と，不自然極まりない変形(transformation)を大声で唱えさせた。他にも，'The chalk is used by the teacher.' 'The tape is played by the teacher.' といった練習が延々と繰り返された。

本来，受動態は，受動文の主語が被害を被ったり，影響を受けたことを表現するためのものである。さらに，英語話者の受動態の使用を分析した Kennedy(1998:134-136)によると，動作主（by句）を伴った受動態は，収集された受動態中20％以下であったという。Dixon(1991:9章)も，受動態の用法の第1は，動作主は明示せず，動作自体と，動作の受け手，およびその結果に焦点を当てるものとしている。上の例の不自然さは，扉やチョークやテープは何の被害も被ってはいないし，by the teacher を伴った文を生成すること自体奇妙なのである。日本語で考えてみても，日常使用されない会話文だろう（Nakamori 2001）。

同じような問題が，関係代名詞にも見られる。関係代名詞を二文合成で教え続けている結果，修飾構造を全く理解していない学習者が多い。頻出する誤りは，和訳問題に見られる（Nakamori, 2002）。

'The dog which is running over there is called Spot.'

「犬が向こうで走っていて，スポットです」「犬が走り，向こうにスポットがいる」「その犬はスポットで，向こうで走っている」と訳すものである。学習者にこれらの日本語から英文を作らせた

時，関係代名詞を用いた者は皆無であり，自由英作文では関係代名詞を全く使わず，単文の連続となるのである。「語の意味から類推して，何となくわかれば意味は通る」という教師の姿勢は，初期段階のオーラル・コミュニケーションでは支障はないが，レベルが上がり文章が長くなった時，語彙の羅列しか見えずに苦労するのは学習者である。会話調の単文理解と産出に重点が置かれたため，長文読解力が育成されないとすれば問題である。4技能のバランスの取れた英語力を養成する重い責任を，教師は背負っている。

(2) **授業研究の方法**

コミュニケーションを支える基礎的な文法指導法と，実際の言語使用に則した練習方法を開発するためには，2つの方法が考えられる。

第1は，実験的研究法で，各文法項目に適した指導法確立のための方法である。比較的短期間に調査が終了し，調査環境のコントロールが容易である場合に用いる。例えば，受動態導入の場合，従来の能動態から受動態を作る変形導入をするAグループと，変形を全く行わず，受動態が自然に使われる場面を想定して直接受動態を導入するBグループを用意する。同様に，関係代名詞も，従来の二文合成で導入するAグループと，関係代名詞節を含む名詞句レベル(例えば, the dog which is running over there / the boy who is standing in the bus など)をタスク中心に定着させてから，次第に文レベルへ拡張するBグループを用意する。全く同じ質と量の文を用いて，同人数，学力分布の等しいグループで実施し，従来の指導法(Aグループ)と新しい指導法(Bグループ)の文法定着度の差を数値的に検証する。各文法項目の指導は，通常3～4時間と短時間に完結し，使用する目標文・

練習・言語活動なども統一することができるため、実験的研究が適している。

第2の方法としては、アクション・リサーチが用意されている。各文法項目を導入する順序・配列、既習の文法が新出の文法学習に与える影響、導入後の文法定着過程、さまざまな指導法の取捨選択など、長期的な変化や経過を観察し、指導法を探求することができる。例えば、

① 中学校1年生に、be動詞または一般動詞から導入する時に学習者が直面する問題を克服し、円滑に指導する方法
② 日本人英語学習者が最も不得意とする後置修飾(不定詞、分詞、関係代名詞)を関連づけて導入する方法

などを考える上で有効である。

3-3 総合的カリキュラムの構築

2001年から、英語が公立小学校でも広く教えられることになった。これは、当面、現場の新たな混乱と労力の源となることが予想される。しかし、小・中・高の一貫したカリキュラムを編成することには大きな意味がある。子供の認知的・情緒的な発達に沿ったカリキュラム編成と指導法の確立、その効果の確認を目的とした長期的・継続的な研究方法の1つとして、アクション・リサーチを役立てることができる。

例えば次のような仮説を立て、検証していくことができるだろう。小学校段階では、音楽や絵カードを使って、聴覚的・視覚的に馴らしながら、英語を発話させ、警戒心・羞恥心をなくしていく。直接的な文法指導は行わず、CLTで、語彙やフレーズから構成されたタスク中心の活動を行う。小学生の認知発達に基づき、抽象的な文法教育を入れない。中学校2年前後からは、コミュニ

ケーションを支える文法を導入し，普遍的で，応用可能な英語の基礎力を定着させて高校で完成させる。その後は，CLT に基づいて，speech, debate, discussion などの，英語の使用を目的とした創造的活動を目指す（中森 2001）。

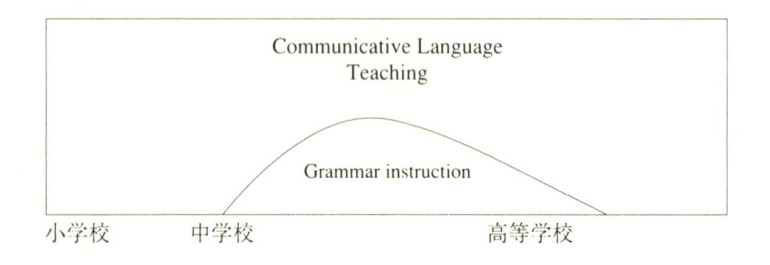

```
            Communicative Language
                  Teaching

                    Grammar instruction

小学校     中学校                    高等学校
```

英語教育の根源的な問題であるカリキュラムの一貫性を実現するためには，さまざまな教育機関に関わる教師の協力によるアクション・リサーチの集積と，研究者による理論の集大成が必要である。アクション・リサーチに望まれることは，現場の経験や教師の願いを汲み取り，理論的な裏づけを行った上で，カリキュラム編成に生かし，総合的な学力をつけることである。学習者の思考・心理・行動の発達と言語習得理論との対話を通し，日本人教師による日本人学習者のための英語教育を科学的に構築することである。

*

この章では，授業研究とは，教師，学習者，教材・教具，そして授業過程に関する研究であると述べた。研究方法には，実験的な研究法と観察法があり，結果の分析には，量的な分析法と質的な分析法があることを見てきた。そして，授業研究を行う上で最も大切な視点は，「授業の何を研究したいのか」と目的を明確にすることである。授業研究の結果，その授業の質(Quality)が向上し，最終的には学習者が恩恵を受けるべきであり，教師は目的

に応じ，どの手法で研究するのかを熟考しなければならない。教室は，さまざまな要素が複雑に絡み合う場所であるから，ただ1つの研究法があらゆる要素の分析に良い万能薬であることはないし，他に卓越しているという唯一無二の研究法などもあり得ない。さまざまな研究法は，実際に教育に関わり，学習者と向き合う教師が，その長所を生かした授業の工夫をするために取り入れるものであり，目標に応じて選択肢を広げる研究手法が用意されているべきである。研究結果の1つ1つが，教師の授業内容を豊かにするための努力を助け，指導技術が向上し，学習者の中に生きてこそ，授業研究の意義があるのではないだろうか。

　本書で提案してきたアクション・リサーチが，21世紀の英語教育に情熱を注ぐ人々の教育理念達成に生かされることを願って，本章を締めくくりたい。

参考文献

浅田匡・生田孝至・藤岡完治（編著）(1998)『成長する教師』金子書房
アルク英語企画開発部編 (1996)「Oral Communication 実態調査」『英語教育事典』アルク、pp.17-24
安彦忠彦 (1983)『現代授業研究の批判と展望』明治図書
池上 彰 (1999)『みんなの学校問題』講談社
稲垣忠彦・佐藤 学 (1996)『子どもと教育：授業研究入門』岩波書店
英国大使館広報部 (2000)『QB2000：英国の教育事情』紀伊国屋書店
大村はま (1989)『教えながら教えられながら』共文社
香川英雄・塚田 亮 (1998)『学級は崩壊しない：教師が変わるとき』東洋館出版社
金田道和（編著）(1986)『英語の授業分析』大修館書店
川喜多二郎 (1967)『発想法』中公新書
川喜多二郎 (1970)『続・発想法』中公新書
河野義章 (1989)「『猿の腰掛け』からの脱却をめざして」教育心理学年報第28集、pp.104-144
隈部直光 (1992)『英語教師 Do's & Don'ts』中教出版
斉藤喜博 (1990)『教師の仕事と技術』国土社
佐藤 学 (1995a)『教室という場所』国土社
佐藤 学 (1995b)『学び その死と再生』太郎次郎社
佐藤 学 (1996a)『教育方法学』岩波書店
佐藤 学 (1996b)『カリキュラムの批評』世織書房
佐藤 学 (1997)『教師というアポリア：反省的実践へ』世織書房
佐野正之・米山朝二・松沢伸二 (1988)『基礎能力をつける英語指導法』大修館書店
佐野正之 (1997)「Action Research のすすめ―新しい英語教育研究の方法」『英語教育』2月号 pp.30-33
佐野正之・奥山竜一・坂井善久・宇喜多宣穂 (1998～99)「教師の指導力を伸ばす アクション・リサーチの進め方」『英語教育』4月号～3月号（1年間連載）
高橋 勝 (1997)『学校のパラダイム転換：〈機能空間〉から〈意味空間〉へ』 川島書店

田崎清忠（1978）『英語教育理論』大修館書店
中内敏夫（1998）『教育思想史』岩波書店
中野　光（編）（1996）『現代を生きる教師の思想と実践』国土社
中森誉之（2001）『外国語指導理論の構築：言語産出の認知論的考察に基づく立場から』平成11年度-12年度　文部省科学研究費補助金（特別研究員奨励費）
樋口忠彦（編著）（1996）『英語の授業Q＆A』中教出版
深田桃代（1994）「クラスルーム・リサーチのための質的データ分析の試み」『中部地区英語教育学会紀要　第24号』pp.243-8
深田桃代（1996）「クラスルーム・リサーチのための質的データ分析の試みⅡ」『中部地区英語教育学会紀要　第26号』pp.15-22
水越敏行（1987）『授業研究の方法論』明治図書
村山士郎（1996）『いじめの世界が見えてきた』大月書店
村山士郎（1998）『ムカつく子ども・荒れる学校』桐書房
山田昌宏（1983）「パソコンを利用した英語の授業分析」『放送教育』No.11: pp.64-66
吉崎静夫（1997）『デザイナーとしての教師：アクターとしての教師』金子書房
米山朝二・佐野正之（1983）『新しい英語科教育法』大修館書店

Allen, P., M. Frohlich & N. Spada (1984) The Communicative Orientation of Language Teaching and Observation Scheme. in Handscombe, J., R. A. Oren & B. P. Jaylor (eds.) *TESOL 1983; The Question of Control*. 231-52

Allwright, D. & K. M. Bailey (1991) *Focus on the Language Classroom*. Cambridge: CUP.

Allwright, D. (1988) *Observation in the Language Classroom*. London: Longman.

Bailey, K. M. & D. Nunan (eds.) (1996) *Voices From the Language Classroom*. Cambridge: CUP.

Brown, G. & G. Yule (1983) *Teaching the Spoken Language*. Cambridge: CUP.

Burns, A. (1999) *Collaborative Action Research for English Teachers*. Cambridge: CUP.

Caudery, T. (ed.) (1991) *New Thinking in TEFL*. Denmark: Aarhus Univ. Press.

Chastain, K. (1988) *Developing Second Language Skills: Theory and Practice*, 3rd. NY: Harcourt Brace Javanovich, Inc.

Chaudron, C. (1988) *Second Language Classrooms: Research on Teaching and Learning*. Cambridge: CUP.

Coleman, H. (ed.) (1996) *Society and the Language Classroom*. Cambridge: CUP.

Crookes, G. (1993) Action Research for Second Language Teachers: Going Beyond Teacher Researcher. *Applied Linguistics*, Vol.14, No.2. 130-43.

Day, R. (ed.) (1986) *Talking to Learn: Conversation in Second Language Acquisition*. Rowley, Mass.: Newbury House.

Dixon, R. M. W. (1991) *A New Approach to English Grammar on Semantic Principles*. Oxford: Clarendon Press.

Edge, J. & K. Richards (eds.) (1993) *Teachers Develop Teachers Research*. Oxford: Heinemann.

Ellis, N. (1996) Sequencing in SLA: Phonological Memory, Chunking, and Points of Order. *Studies in Second Language Acquisition* 18: 91-126.

Ellis, R. (1985) *Understanding Second Language Acquisition*. Oxford: OUP.

Ellis, R. (1990) *Instructed Second Language Acquisition*. Oxford: Blackwell.

Ellis, R. (1997) *SLA Research and Language Teaching*. Oxford: OUP.

Flanders, N. (1970) *Analysing Teaching Behaviour*. London: Longman.

Freeman, D. & J. C. Richards (eds.) (1996) *Teacher Learning in Language Teaching*. Cambridge: CUP.

Fukuda, M. (1996) Developing Teachers' Awareness and Autonomy through Action Research. *JABAET Journal*, No.1, 21-32.

Gass, S. & S. Madden (eds.) (1985) *Input in Second Language Acquisition*. New York: Newbury House.

Goswain, D. & P. R. Stillman (eds.) (1987) *Reclaiming the Classroom: Teacher Research as an Agency for Change*. London: Heinemann.

Grenfell, M. (1998) *Training Teachers in Practice*. Clevedon: Multilingual Matters.

Grice, P. (1975) Logic and Conversation. in Cole and Morgan (eds.) *Syntax and Semantics 3: Speech Acts*. NY: Academic Press.

Hubbard, R. S. & B. M. Power (1993) *The Art of Classroom Inquiry*. London: Heinemann.

Johnson, D. M. (1992) *Approaches to Research in Second Language Learning*. NY: Longman.

Kemmis, S. & R. McTaggart (eds.) (1988) *The Action Reasearch Planner*. Geelong, Victoria: Deakin Univ. Press.

Kennedy, G. (1998) *An Introduction to Corpus Linguistics*. NY: Longman.

Kessler, C. (ed.) (1992) *Cooperative Language Learning*. NJ: Prentice Hall.

Krashen, S. & T. Terrell (1983) *The Natural Approach: Language Acquisition in the Classroom*. Oxford: Pergamon.

Krashen, S. D. (1985) *The Input Hypothesis: Issues and Implication*. NY: Longman.

Kumaravadielu, B. (1994) The Postmethod Condition. *TESOL Q*, 28-1. 20-8.

Larsen-Freeman, D. (1996) The Changing Nature of Second Language Classroom Research. in Schachter, J & S. Gass. (eds.) 157-70.

Long, M. (1983) Does Second Language Instruction Make a Difference?: A Review of the Research. *TESOL Quarterly* 17: 359-82.

McDonouch, J. & S. McDoonough (1993) *Research Method For English Language Teachers*. London: Edward Arnold.

McNiff, J. (1988) *Action Research: Principles and Practice*. London: Routeldge.

Moskowitz, G. (1971) Interaction Analysis. *Foreign Language Annals* 5: 211-221.

Nakamori, T. (2001) 'Beyond Transformational Methodology: Possibility of the Lexical Approach to Grammar Instruction' *JABAET Journal* 5: 63-85.

Nakamori, T. (2002・印刷中) 'Teaching Relative Clauses: How to Handle a Bitter Lemon for Japanese Learners and Teachers of English' *ELT Journal* Vol. 56/1.

Nixon, J. (ed.) (1981) *A Teacher's Guide to Action Research*. London: Grant McIntyre.

Nunan, D. (1989a) *Understanding Language Classrooms: A Guide for Teacher-initiated Action*. NJ: Prentice Hall.

Nunan, D. (1989b) *Designing Tasks for the Communicative Classroom*. Cambridge: CUP.

Nunan, D. (1991) *Language Teaching Methodology*. NJ: Prentice Hall.

Nunan, D. (1992) *Research Methods in Language Learning*. Cambridge: CUP.

Nunan, D. (1993) Action Research in Language Education. in Edge & Richards (eds.) 39-50.

Nunan, D. (1997) Language Teaching and Research in Classroom Teachers and Classroom Research. in Griffee, D. T. & D. Nunan (eds.) *Classroom Teachers and Classroom Research*. JALT. 13-21.

Nunan, D. & Clarice L. (1996) *The Self-Directed Teachers: Managing the Learning Process*. Cambridge: CUP.

Odell, L. (1987) Planning Classroom Research. in Goswain & Stillman (eds.) 128-60.

Oxford, R. L. (1990) *Language Learning Strategies: What Every Teacher Should Know*. NY: Newbury House.

Palmer, H. (1924) *Memorandum of Problems of English Teaching in the Light of a New Theory*. Tokyo: Institute for Research in English Teaching.

Richards, J. & C. Lockhart (1994) *Reflective Teaching in Second Language Classroom*. Cambridge: CUP.

Richards, J. C. & D. Nunan (1990) *Second Language Teacher Education*. Cambridge: CUP.

Richmond, W. K. (1978) *Education in Britain since 1944*. London: Methuen & Co. Ltd.

Roberts, J. (1998) *Language Teacher Education*. London: Edward Arnold.

Sano, M. (1997) How to Develop Writing Proficiency in Japanese University Students. *JABAET Journal,* No.1, 1-19.

Savignon, S. J. (1983) *Communicative Competence: Theory and Classroom Practice, Reading*. MA: Addson-Wesley.

Schachter, J. & S. Gass (eds.) (1996) *Second Language Classroom*

Research: Issues and Opportunities. NJ: Lawrence Erlbaum.

Schmidt, R. & S. Frota (1986) Developing basic conversational Ability in a Second Language: A Case Study of an Adult Learner of Portuguese. in Day, R. (ed) (1986) 237-326.

Simon, A. & G. Boyer (eds.) (1974) *Mirrors for Behaviour*. NY: New York Communication Material Centre.

Sperber, D. & D. Wilson (1986) *Relevance: Communication and Cognition*. Oxford: Blackwell.

Stenhouse, L. (1975) *An Introduction to Curriculum Research and Development*. London: Heinemann.

Stevick, E. (1976) *Memory, Meaning and Method*. MA: Newbury House.

Swain, M. (1985) Communicative Competence: Some Roles of Comprehensible Input and Comprehensible Output in its Development. in Gass & Madden (eds.) 235-53.

Tarone, E. E. & G. Yule (1989) *Focus on the Language Learner*. Oxford: OUP.

Tarone, E. E. (1994) A Summary: Research Approaches in Studying Second-Language Acquisition or "If the Shoe Fits." in Taron, Gass and Cohen (eds.) 323-36.

Tarone, E. E., S. Gass & A. D. Cohen (eds.) (1994) *Research Methodology in Second-Language Acquisition*. NJ: Lawrence Erlbaum Associates.

Ukita, N. (1998) Action Research in Speaking Class: How to Develop Fluency in the Oral Communication of Japanese High School Students. (横浜国立大学大学院教育学研究科英語教育学専攻修士論文)

Ur, P. (1996) *A Course in Language Teaching*. Cambridge: CUP.

Van Lier, L. (1988) *The Classroom and the Language Learner*. London: Longman.

Wallace, M. J. (1991) *Training Foreign Language Teachers: A Reflective Approach*. Cambridge: CUP.

Wallace, M. J. (1998) *Action Research for Language Teachers*. Cambridge: CUP.

White, R & A. Valerie (1991) *Process Writing*. London: Longman.

あとがき

　私がアクション・リサーチという言葉を知ったのは，15年ほど前のことだった。その当時は，「こんなリサーチもあるのか。でも，学会誌には向かないな」という程度の理解だった。

　ところが，転勤で教養英語を教えるはめになった。60人ものクラスで，どう授業すればよいか迷った。自分のレパートリーには役立つ手法がなく，仕方なく，まさに初心にかえって調べようと，手探りでアクション・リサーチを始めたのである。最初はリスニングに2年，ついでライティングに3年ほどかけ，それなりの解答は得たように思う。さて，次はリーディングかなと思った矢先に，思いもかけず横浜国立大学附属鎌倉中学校の校長になった。

　なってみて驚いたことはたくさんある。その中の1つが，月に1度か2度の割合で，校内研究会で「指導助言」が求められることである。鎌附の先生方の熱心な議論を聞いているうちに，こちらもつい熱くなって，ある時，アクション・リサーチの話をした。これが意外に好評で，校長としての自信を強めた。その後，ことあるごとに「指導」するものだから，鎌附では「説教おやじ」の仇名まで頂戴することになった。また，この間，山形の研究会の講師に招かれ，かつての教え子や友人と一緒に研究に取り組めたのも，大きな喜びだった。鎌附にしても山形にしても，豊かな人間関係の土壌があったからこそ，共同での研究が成立したのだし，この本の構想も育ったのである。支えていただいたたくさんの方々に心からお礼を申しあげたい。

　とは言え，本書の内容はまだまだ未熟で，これからの実践や研

究で深めたり，修正しなければならない点がたくさんあることと思う。忌憚なくご指摘いただき，ご指導いただければ幸いである。

　最後に，アクション・リサーチに協力いただいた多くの方々や生徒諸君，また，『英語教育』での連載を担当していただいた大修館書店の森田三千代さん，この本の出版のお世話を戴いた北村和香子さんに感謝の意を表したい。

2000年1月

著者代表　佐野正之

■トピック別索引

(太字はその項目を説明している
ページを,［実］は実践例を示す)

アクション・リサーチの立場
授業研究　31,**32-9**,44,48,60,
93-127［実］

教育改革運動　31,32,**39-44**

共同研究　42,43,48,60,71,
128-148［実］

理論検証　31,32,**44-8**,51,60,
149-215［実］

アクション・リサーチのステップ
問題の確定　53,**54-5**,60,86

予備的調査　**55-6**,60,87,94-9
［実］,123,150-7［実］

リサーチ・クエスチョン　55,**57**,
98,127

トップ・ダウン方式　**57**,137,200

ボトム・アップ方式　**57**,58,137

到達目標・中間目標　**56**,149,
157-8［実］

文献研究　56,88,98,156-7

仮説と検証方法　**56-8**,60,99-
102［実］,137-8［実］,158,
170

実践と検証　**58-9**,60,102-22
［実］,138-9,159-65［実］170-
8［実］

結論・結果　**59-60**,123-7［実］,
133-6［実］,142-8［実］

報告　**59**

指導要領関連
新学習指導要領　11,**16-7**,44,
49,208,209

コミュニケーション能力　**16**,20,
25,196,208,209,210

コミュニケーション活動　16,20,
69,71,128,134,158,160-5
［実］167,169,172-8［実］,
196,199

総合的学習の時間　15,16,43,
140

授業研究
反省的(実践の)授業研究　9,**22**,
30,32,33,34,35,36,60

Reflective Teaching　32,33,
34-6

情報伝達型授業(場)　**15-6**,20-
22,37

協同作業型授業(場)　**15-6**,20-
22,37

科学的研究(アプローチ)　23,24,
40

科学的教授法(指導理論)　13,
23,33,194

長期的(継続的)研究　10,20,62,
190,209

実践研究　**52**,53,130

授業分析
(技術的実践の)授業分析　21,
22,23,30,79,192

相互作用分析　**194-9**,203

FLINT　82,194

COLT　82,196

FIAC　194

生徒理解
ニーズ　17-21,45,58

マスローの三角形　**17-21**,56

生理的欲求　**18**
安全への欲求　**18-9**
所属への欲求　**19**
尊敬への欲求　**19-20**
自己実現への欲求　17,**20**

質的調査(の分析)
質的調査(データ)　24,25,26,50,60,61,62,78,79,85,91,205
カテゴリー　78,82,83,196,198,199
KJ法　77,205
三角測定　**78-9**

質的調査の資料収集方法
観察　34,55,58,61,**62-70**,78,79,86,87,94-5,107
観察シート　**66**,83
on/off-task behavior　66
観察者のコメント　104,110,112,140,188
フィールド・ノート(実践ノート)　57,58,62,**63-5**,66,90,104-5[実],165-7[実],177-8[実]
Time-log　**64-5**,110[実],124[実]
日記(Diary)　24,26,**67**,90,108-9[実],127[実],205
感想(journal)　**67**,90
撮影・録音　**67-8**,83,104,132,165
転写(transcription)　**68-9**,152,154,175,182

写真・絵　69,103[実],112[実]
アンケート　4,7,8,55,58,61,**69-72**,73,79,87,90,96,104,107,124-5,133,136,140,142,154-5,165,168,184,203,205,207
経歴調査　**76**,87
ストラテジー調査　75,**87-8**
インタビュー　55,58,70,**72-3**,76,107,203,205,207
自己報告　70,**74-5**,87,90,97
Think aloud　75
自己評価　75,90,132,160-1[実]
生徒の感想(文)　97,115,125-6[実]
作品，ノート　70,**76-7**,101,114-5[実],119-21

数量的調査(の分析)
数量的調査　23,24,25,26,37,50,60,61,62,**79-85**,91,204
実験群・統制群　8,27,**80-1**,202
事前・事後テスト　**80**,178,179,182
トリートメント　8,20,27,51,58,59,60,202,203,204
統計的処理　8,27,202,204
検定(有意差の)　**80-1**,82,202,204

■50音順索引

アクション・リサーチの6段階　60
アンケート　4,7,8,55,59,61,69-74,79,87,90,96,104,107,124,130,133,136,140,142,154,155,165,168,184,203-5,207
安全への欲求　19
インタビュー　55,59,70,72,73,76,203,205,207
インタビュー・テスト　68,85,179
インプット理論　13,23,24
応用科学型(applied science model)(教員養成)　33
応用言語学　8,20,21,26,28,29,31,32,47,48,51,53,62,80-82,206
応用理論の立場　46
外的信頼性(external reliability)　50
外的妥当性(external validity)　51
科学的アプローチ(研究)　23,24,40
科学的教授法(指導理論)　13,33,194
仮説検証(方法)　20,48,53,100-2,113,116
仮説の再構築　53
仮説の実践　102,116
仮説の設定(Hypothesis)　53,56,60,89,99,157
学級経営　10,11,13
学級崩壊　10,11,15
カテゴリー　78,82,83,194,196,198,199
観察　34,55,59,61,62,69,70,78,79,87,94,107,199,207
観察シート　66
感想(文)(journal)　63,67,90,97,148
技術的実践の授業分析　21,23
教育改革運動の立場　31,32,39-44
教育方法学　21,23,29
教室内の実験　20,26,28-30,48
共同研究の立場　42,43,48,60,71,128,129,148
協同作業型(の授業)　15,16,20-2,37
クリスクロス・ゲーム　69,103,106,108,110,112
計画の実践(Plan Intervention)　53,58,89,159,170
経歴調査(Life and career histories)　76,87
結果の検証(Outcome)　90,59
言語習得理論　29,32,33,46-8,214
顕在的知識　25
行動主義心理学　37,194
コミュニケーション活動　16,20,69,71,128,134,158,160,164,166,169,172,178,196,199
コミュニケーション能力　25,209,

210
コントロール 29,80,202,203
作業ノート 101,113
参加観察法 199,203
三角測定(triangulation) 78,79
自己実現への欲求 17,20
事後テスト 90,178,182
自己評価(生徒の) 75,90,132
自己評価カード(evaluation sheet) 160,161
自己表現 56
自己報告(生徒の)(Self-report) 70,74,88,90,91,97
事前テスト 80,87,90,178,179,182,183
実験群 8,27,80,81,202
実験的研究法 202,212
実施可能性 49
実践記録(ノート) 147,165
実践研究 52,53,130
実践的コミュニケーション能力 16,20,208
質的調査 24,85
質的データ 26,62,91
質的な研究(アプローチ) 23,26,30,206
質的な資料(データ) 26,50,61,62,78,79,91
質的分析 205
授業研究の立場 31,32-9,44,60
授業参観者のコメント 110,112
授業評価 67
授業分析 37,79,82,192
熟達度 183,184,187
熟達度の目標 150

情報伝達型(の授業) 15,16,20-2,37
情報伝達の場 15
所属への欲求 19
新学習指導要領 11,16-7,44,49,208,209
信頼性 26,31,49-52,68,79,91
人類学的手法 25
数量的調査(アプローチ) 24,26,30
数量的な資料(データ) 26,50,61,62,79,84,85,91
ストラテジー調査(Strategy inventory) 75,87
成果の検証 133,138
生徒の作品(documents) 76
生徒理解 20,49,135
生理的欲求 18
潜在的知識 25
全体評価 64,67
総合的学習の時間 15,16,43,140
相互作用分析(Interaction Analysis) 194,198,199,203
相互評価 90,120
尊敬への欲求 19
体験重視の教育 36,37
体験報告→自己報告
第二言語習得理論 21,23,25,26
タスク 16,187,213
妥当性 26,31,49-53,79,91
短期間の横断的調査 26
知識の自動化 155,156
中間目標 149,157
長期的・継続的な研究方法 62,

190,201,209
転写(transcription) 63,68,152,154,164,175,179,182
伝達型(craft model)(教員養成) 33
統計的処理 8,26,27
統計的な検定 202,204
統制群 8,27,80,81,202
到達目標 56,149
トップ・ダウン(top-down)方式 57,137,200
トリートメント 8,20,27,51,58,59,61,202,203,204
内的信頼性(internal reliability) 50
内的妥当性(internal validity) 51
ニーズ(生徒の) 17-21,45,58
日記(日誌/授業録)(diary) 24,26,63,67,108,127
認知科学 192
反省的実践(の授業研究) 9,22,23,30
ピグマリオン効果 206
ビデオ 67,83,104,165
評価 85,195
評価基準 20
フィールド・ノート(授業記録)(field-note) 57,59,62-64,66,87,90,104,148,165,177,192
プロセス・ライティング 88,115,116,120-2,126
文化人類学 192,199
文献研究 56,88,98,156
文法学習(指導) 23-25,210-213

文法訳読式 16,24,45,193
報告(reporting) 59
法則化運動 200
方略的能力 156,166,169,179,181,184,187
母集団 81
ボトム・アップ(bottom-up) 57,58,137
マスローの三角形 17,56
目標行動(on-task behaviour) 66
問題確定 54,55,60,86,149
野外研究 61
有意差(の検定) 80,82,202
予備(的)調査 53,55,56,60,87,88,94,123,150
リサーチ・クエスチョン 55,57,98,127
量的研究法 206
量的分析 204,205
理論検証の立場 31,32,44-48,51,60,61
ワークシート 101,113

ACTFL 85,150,184
CLT(Communicative Language Teaching) 70,208,213
COLT 82,196
diary →日記
evaluation sheet →自己評価カード
FIAC 194
FLINT 82,194
hesitation 155,169,179,181,184,187
imformal interview 73,107
journal →感想文

KJ法 77, 205
Notional / Functional Approach 46
Observation scheme 83
off-task behaviour 66
on-task behaviour →目標行動
questionnaire →アンケート
recording 63
Reflective Teaching 32-6, 60
Self-report →自己報告

Strategy Inventory →ストラテジー調査
The National Curriculum 39, 40
The Natural Approach 46
Think-aloud 75
Time-log 64, 108, 110, 124
transcription →転写
triangulation →三角測定
UG理論 25

[編者略歴]

佐野正之(さの まさゆき)

1938年新潟県生まれ。1959年新潟大学教育学部外国語科卒業,1967年ワシントン大学大学院(演劇学)修了。現在,松山大学大学院言語文化コミュニケーション研究科教授,横浜国立大学名誉教授。主な著書に『英語授業にドラマの手法を』『新しい英語科教育法』(共著)『基礎能力をつける英語指導法』(共著)『異文化理解のストラテジー』(共著)『はじめてのアクション・リサーチ』(以上大修館書店)など。

[執筆者一覧]

第1・2・3章	佐野正之(さのまさゆき)	(松山大学大学院言語文化コミュニケーション研究科教授,横浜国立大学名誉教授)
第4章	奥山竜一(おくやまりゅういち)	(山形大学附属中学校教諭)
第5章	坂井善久(さかいよしひさ)	(山形県東根市立第一中学校教諭)
第6章	宇喜多宣穂(うきたのぶほ)	(神奈川県立鶴見高等学校教諭)
第7章	中森誉之(なかもりたかゆき)	(京都大学大学院人間・環境学研究科准教授)

英語教育21世紀叢書

アクション・リサーチのすすめ──新しい英語授業研究

© Masayuki Sano, 2000

NDC 375　240p　19cm

初版第1刷──2000年4月20日
第5刷──2007年9月1日

編者者────佐野正之(さのまさゆき)
発行者────鈴木一行
発行所────株式会社大修館書店
　　　　　　〒101-8466 東京都千代田区神田錦町3-24
　　　　　　電話03-3295-6231(販売部) 03-3294-2357(編集部)
　　　　　　振替00190-7-40504
　　　　　　[出版情報] http://www.taishukan.co.jp/

装丁者────中村愼太郎
印刷所────文唱堂印刷
製本所────難波製本

ISBN978-4-469-24453-3　Printed in Japan

Ⓡ 本書の全部または一部を無断で複写複製(コピー)することは,著作権法上での例外を除き禁じられています。